»Ich liebte die Art, wie er spielte. Ich bewunderte seinen intellektuellen Zugang … seine völlige Hingabe an alles, was er tat, sein ständiges Erkunden neuer Blickwinkel oder neuer Möglichkeiten, sich der Wahrheit einer Komposition anzunähern.«

LEONARD BERNSTEIN

»Ein Verschmelzen des Ichs mit der Innerlichkeit der Musik.«

GEOFFREY PAYZANT

»Für jede Stunde, die man in Gesellschaft anderer Menschen verbringt, muss man x Stunden für sich allein sein … Isolation ist ein unabdingbarer Bestandteil menschlichen Glücks.«

GLENN GOULD

GLENN GOULD
EIN LEBEN IN BILDERN

Mit einem Vorwort
von Yo-Yo Ma

Einleitung
von Tim Page

nicolai

Glenn Gould (handwritten signature)

Die Unterschrift des Fünf- oder Sechsjährigen.

(GEGENÜBERLIEGENDE SEITE) Auf dieser Columbia-Aufnahme, die 1959 auf den Markt kam, findet sich Musik von Berg, Krenek und Schönberg.

Titel der kanadischen Originalausgabe:
Glenn Gould: a life in pictures / introduction by Tim Page: foreword by Yo-Yo Ma

© 2002 der kanadischen Originalausgabe:
Estate of Glenn Gould and Glenn Gould Limited 2002
Publiziert in Kanada von:
Doubleday Canada, a division of Random House of Canada Limited
Idee und Konzeption: Malcolm Lester
Verleger: Maya Mavjee
Lektorat: Meg Taylor
Recherche und Rechteeinholung: Andrea Knight
Layout: CS Richardson
Herstellung und Produktion: Carla Kean

© 2002 der deutschsprachigen Ausgabe:
Nicolaische Verlagsbuchhandlung GmbH. Berlin
Aus dem Englischen übersetzt von Wolfgang Astelbauer, Wien
Lektorat: Uta Rüenauver, Berlin
Repro: Mega-Satz-Service, Berlin
Druck: Heenemann, Berlin
Bindung: Lüderitz & Bauer, Berlin

Umschlaggestaltung: Pauline Schimmelpenninck, Berlin
© der Abbildung: Dan Weiner, Courtesy of Sandra Weiner

Alle deutschsprachigen Rechte vorbehalten
ISBN 3-87584-475-0

Inhalt

Vorwort 12
Einleitung 14

Ouvertüre 43
Im Sturm 75
Neue Horizonte 133
Geleit 175

Chronologie 184
Danksagung 189
Anmerkung zu den Quellen 190
Bildnachweis 191

VORWORT

Yo-Yo Ma

Zu Glenn Goulds größten Begabungen gehörte vielleicht seine Fähigkeit, aus einem tiefen subjektiven Verständnis des Abstrakten heraus atemberaubende neue Klangwelten erstehen zu lassen. Mühelos gelang es ihm in seinen Aufnahmen, Schriften und Dokumentationen, äußerst komplexe Zusammenhänge in Formen vollkommener Schönheit und Einfachheit zu gießen.

Goulds Geist glich einem leuchtenden, glitzernden Prisma, das Klänge, Wahrnehmungen und Ideen auf magische Weise verwandelte. Als ich als Jugendlicher zum ersten Mal seine Einspielung der *Goldberg-Variationen* für CBS von 1955 hörte, war das eine Offenbarung, die mein musikalisches Empfinden für Jahre prägen sollte. Seine Interpretationen waren damals ein Prüfstein für mich, und ich muss zugeben, dass eine Kopie des Goldberg-Covers unübersehbar an der Wand meines Studentenheimzimmers prangte.

Gould war kein leicht fassbarer Denker. Er war jemand, der sich in die Winkel seiner Innenwelt zurückzog, sich von den Gegebenheiten der wirklichen Welt abschloss, indem er sich ein eigenes Universum schuf, das sich selbst genügte. Meine Frau Jill erinnert sich noch an ihre erste Begegnung mit ihm 1972 beim Marlboro Music Festival in Vermont. An einem sonnigen, heißen und wolkenlosen Morgen stand er da mit Mütze, schwerem Wintermantel, Gummiüberschuhen und Handschuhen und wollte mit Pablo Casals ein Interview führen – ein Anblick, den sie nie vergessen wird.

Gould stellte kluge Thesen auf, mit denen er der Welt um sich herum habhaft zu werden versuchte. Er trat dem Leben mit dem Staunen und der Neugier eines Wissenschaftlers entgegen und erinnerte mich in dieser Ehrfurcht an den großen Physiker Richard Feynman. Während Feynman aber der Natur gewisse Geheimnisse entreißen wollte, war Goulds Zugang distanzierter. Gould benutzte die Wirklichkeit als Hintergrund und Motor seiner Fantasie, verlangte aber keinen Beweis ihrer tatsächlichen Existenz. Eine meiner Lieblingsgeschichten über Gould ereignete sich auf seiner Israeltournee in den 1950er Jahren. Vom Flügel im Konzertsaal entmutigt, fuhr er in die Sanddünen vor Tel Aviv hinaus und stellte sich vor, an dem Klavier zu sitzen, an dem er als kleiner Junge in dem Haus am Simcoesee gespielt hatte. Er sah auf das Meer hinaus und übte stundenlang – und bot dann am Abend eine überwältigende Interpretation von Beethovens 2. Klavierkonzert.

Glenn Gould zeigte, wie man durch die Kraft der Vorstellung an die äußersten Grenzen des kreativen Ausdrucks gelangt. In seiner bahnbrechenden Radiodokumentation *Die Idee des Nordens* setzte er sich mit dem romantischen Ideal des Nordens als geografischer Region wie als Geisteshaltung auseinander. Das Stück besteht aus verschiedenen Interviews mit Menschen, die in arktischen oder subarktischen Gebieten Kanadas lebten und die schwer fassbare Vorstellung dessen zu definieren versuchten, was »den Norden« ausmacht. Das Ergebnis war ein kunstvolles, fugenartiges Geflecht von Gesprächen, die Gould selbst geschnitten hatte. Weiter als bis Winnipeg oder Churchill hatte sich der für seine Angst vor Kälte berüchtigte Einsiedler allerdings nie in den Norden vorgewagt. »Ich habe den Norden nicht wirklich erlebt. Ich bin notgedrungen ein Außenseiter geblieben«, gab er zu. »Für mich erwies sich der Norden als geeigneter Ort, um darüber zu träumen, mir dazu Geschichten auszudenken und ihm letzten Endes fernzubleiben.«

Vielleicht werden imaginäre Erfahrungen durch das geistige Auge reicher. Die Trennung zwischen imaginärer Erfahrung und Wirklichkeit findet sich jedenfalls im Leben vieler großer Künstler. Ravel nicht unähnlich, der in seine Kompositionen die glockenartige Pentatonik javanischer Gamelan-Orchester einarbeitete, die er erstmals bei der Pariser Weltausstellung 1889 gehört hatte, neigte auch Gould dazu, neue Klangwelten zu erkunden. Dass Ravel ebenso wenig den Osten bereiste wie Gould den Norden, ist vermutlich nebensächlich. Es war die »Idee« dieser Welten, welche die Fantasie der beiden anregte.

Kurz nachdem Gould *Die Idee des Nordens* abgeschlossen hatte, fragte man ihn, ob er eine Radiodokumentation über China machen wolle. Er war von der Idee begeistert, wollte aber das Projekt verwirklichen, ohne Kanada zu verlassen. Selbst seine Flugangst konnte die Sehnsucht, dieses weite unbekannte Territorium zu erforschen, nicht zügeln. Er schlug vor, einen Radioessay über das Thema der Einsamkeit vor dem Hintergrund Chinas zu machen. Wie zu erwarten hat sich Gould nie nach Osten aufgemacht. Dennoch blieb er ein begeisterter Entdecker neuer Welten.

Kreativität lässt sich nicht durch nördliche, südliche, östliche oder westliche Grenzlinien erfassen. Gould hat einmal die Kunst als »allmähliche, ein Leben lang dauernde Schaffung eines Zustandes des Staunens und der Heiterkeit« beschrieben. Er kannte die große Freude, die damit verbunden ist, etwas rein Abstraktes in etwas sinnlich Schönes zu übersetzen. Seine Arbeit spiegelt eine Art Geburt wider, und sie war ein wunderbarer Schlüssel zu seiner Seele und seinem Geist.

EINLEITUNG

*Ein Zustand
des Staunens*

Tim Page

Fast vier Jahrzehnte ist es nun her, seit Glenn Gould sein letztes öffentliches Konzert gab, sich verbeugte und in der Privatheit des Aufnahmestudios verschwand. Wenn dieses Buch in Druck geht, werden selbst die jüngsten Zuhörer, die noch das Glück hatten, den Pianisten im Konzert zu erleben, bereits mittleren Alters sein, und Gould wäre, wenn er noch lebte, siebzig.

Glenn Gould war mit einer Vielzahl von Talenten gesegnet, aber ein langes Leben war ihm nicht beschieden. Wie alle Welt weiß, starb er am 4. Oktober 1982, etwas mehr als eine Woche nach seinem 50. Geburtstag, im Toronto General Hospital an einem Schlaganfall. Gould hat zwar dem Tod kein Schnippchen geschlagen, aber auf eine hintergründige und persönliche Art hat er über die Zeit triumphiert, denn in all den Jahren danach ist er eine lebendige, wirklich wesentliche musikalische Erscheinung geblieben, die uns heute in mancher Hinsicht näher ist als zu ihren Lebzeiten.

Goulds zahlreiche Aufnahmen verkaufen sich weiterhin. Sein Leben, seine Auftritte und seine Gedanken sind in gut einem Dutzend Büchern untersucht worden. Er wurde zum Gegenstand eines bizarren Romans (Thomas Bernhards *Der Untergeher*) sowie eines abendfüllenden Spielfilms. Das Internet ist voll mit Websites, die ihm gewidmet sind und von offiziellen Quellen (etwa von der Glenn Gould Collection der Kanadischen Nationalbibliothek) bis zu recht eigenwilligen, oft sehr berührenden privaten Huldigungen reichen. Und jede neue Klavierinterpretation der Musik Johann Sebastian Bachs wird sich zumindest zum Teil an den Einspielungen Glenn Goulds messen lassen müssen.

Warum übt Gould noch immer eine solche Faszination aus? Dafür gibt es viele Gründe. Der erste, einfachste, wichtigste und offensichtlichste Grund ist der, dass er ein großer Musiker war. Unter »groß« verstehe ich, dass er in vermeintlich bekannten Meisterwerken neue Tiefen – und manchmal völlig neue Oberflächen – zu entdecken vermochte. Gould kannte keine technischen Schwierigkeiten (ob wohl jemals jemand zehn Finger hatte, von denen jeder ein derart wunderbares Eigenleben führte?), doch sein Spiel zeichnete sich durch mehr als bloße Virtuosität aus. Wie immer man diese zusätzliche, für Gould so charakteristische Dimension definieren mag – als expressive Eindringlichkeit, geistige Intensität, spirituelles Suchen, als nervöse Energie oder als Kombination all dieser Eigenschaften und mehr –, sie war in seinen besten, unverwechselbaren Interpretationen stets spürbar.

Darüber hinaus waren seine Überlegungen zur Musik, so empörend oder verschroben sie auch anmuten mochten, auf kühne Weise originell; sogar seine Kritiker attestierten ihm eine große gedankliche Unabhängigkeit. Er mied beispielsweise die Musik von Chopin, Schubert, Schumann, Liszt und Debussy – »Ich hatte immer das Gefühl, dass der gesamte Kern der Klavierliteratur eine ungeheure Zeitverschwendung ist«, sagte er 1980 einmal zu mir – und rühmte das Werk von Schönberg, Hindemith und Krenek. Er unterzog die späten Mozart-Sonaten einer Art musikalischen Dekonstruktion, indem er sie so spielte, als würde er sie hassen (was auch zutraf). Der umstrittenste Schritt in seinem Leben war allerdings, dass er sich aus dem Konzertleben zurückzog und sich ganz auf Plattenaufnahmen und Filme konzentrierte, von Einspielungen des konventionellen Repertoires (meist auf entschieden unkonventionelle Weise) bis zu außergewöhnlichen Radiodokudramen wie *Die Idee des Nordens*.

Schallplatte mit der Filmmusik zu *Thirty-two Short Films about Glenn Gould*. Der Titel spielt auf die zweiunddreißig Teile der *Goldberg-Variationen* an. Auf dem Cover ist der Schauspieler Colm Feore zu sehen, der Gould in dem Film darstellte.

Es war gewissermaßen Goulds Unzugänglichkeit in seinen letzten achtzehn Lebensjahren, welche die Legende des unnahbaren, strengen Poeten und Pilgers des Nordens (»die Idee Goulds« gewissermaßen) festschrieb. Vielen erschien es, als hätte er an einem bestimmten Zeitpunkt innegehalten und sei irgendwie der ungewöhnlich aussehende, eher ätherisch schöne als im landläufigen Sinn hübsche junge Mann geblieben, der die Hüllen seiner frühen Schallplatten zierte. Gould war sich seines geheimnisvollen Nimbus durchaus bewusst. »Meine Taktik war lange die, mich nach dem Zeitungsstand an der Ecke zu richten«, sagte er. Und er kultivierte seine Erscheinung so erfolgreich, dass ein großer Teil der Bilder in *Thirty-two Short Films about Glenn Gould* direkt von den Plattencovers stammte, die er aufs sorgfältigste ausgewählt hatte. Doch seine Isolation war echt, bestimmend und manchmal schwer zu ertragen.

Gould war ein äußerst paradoxer Mensch, und fast jeder Aussage über ihn kann man eine gegenüberstellen, die ihr widerspricht, aber ebenso zutrifft. Er hat einige der besten und, wie er selbst zugab, einige der schlechtesten Aufnahmen seiner Zeit gemacht. Er lebte ein mönchisch strenges Leben, war aber am Telefon einer der lustigsten und spontansten Gesprächspartner, die man sich vorstellen kann. Er war ein Individualist, der Rechtschaffenheit und puritanische moralische Werte schätzte, sich aber selbst als Sozialist betrachtete und der Institution Kirche skeptisch gegenüberstand. Alkohol zu trinken empfand er als Schwäche und Zeichen von Willenlosigkeit, verließ sich aber auf den großzügigen Einsatz von Beruhigungsmitteln. Romantische Ergüsse verabscheute er, hielt jedoch Richard Strauss für den größten Komponisten des 20. Jahrhunderts. Er liebte die Abgeschiedenheit und zog sich gerne zurück, wollte aber gehört, gesehen und überall gespürt werden.

Und das wird er auch.

Die Yonge Street hat kein wirkliches Ende; sie mündet irgendwie in das Bundesstraßennetz von Ontario, und man kann auf ihr beinahe 2000 Kilometer nach Norden und nach Westen fahren. Meistens durchquert man eine Landschaft, die einen in ihrer Leere und Rauheit, in ihrer kargen und zugleich großartigen Schönheit nicht mehr loslässt.

GLENN GOULD

Der Kritiker und Übersetzer Andrew Porter meinte einmal, man könne Wagners *Ring* erst wirklich verstehen, wenn man lange und tief in den Rhein geblickt habe. Ebenso glaube ich, dass die Erfahrung eines Dezembernachmittags in Ontario, der Anblick eines verwischten Stücks Wintersonne, das für kurze Zeit einen schlachtschiffgrauen Himmel erhellt, einem einen entscheidenden Einblick in den Charakter Glenn Goulds vermitteln kann. Das war die Umgebung, die er sich ausgesucht hatte, die Region und die Wetterverhältnisse, die er am meisten liebte. »Meine Stimmung und der Grad des Sonnenscheins sind indirekt proportional zueinander«, erklärte er. »Wenn die Dinge zu heiter zu werden drohen, sage ich mir, dass hinter jedem Silberstreifen am Horizont eine dunkle Wolke steckt.«

Gould wurde am 25. September 1932, im schlimmsten Jahr der großen Wirtschaftskrise, in Toronto geboren. Etwa ein Viertel der Bevölkerung der Stadt war damals arbeitslos. Bert Gould, ein eingesessener Kürschner, und seine Frau Florence Greig Gould, eine Musiklehrerin, lebten den Maßstäben jener Zeit entsprechend in bescheidenem Wohlstand am Southwood Drive Nr. 32 im Osten des Stadtzentrums, in einem Viertel namens The Beaches. Der Journalist Robert Fulford, der in unmittelbarer Nachbarschaft der

Goulds aufwuchs, hat uns eine lebhafte Beschreibung der Gegend hinterlassen: »Es war eher Dorf als Stadt, eine Welt für sich, wo so gut wie jeder britische oder irische Vorfahren hatte, und die meisten Menschen waren überzeugt, dass das Empire in alle Ewigkeit Bestand haben würde. Mit der Straßenbahn war man in einer halben Stunde im Zentrum von Toronto, und wer Arbeit hatte, fuhr da jeden Tag hin, sonst blieben die Leute unter sich. Wir hatten alles, was wir brauchten: Schulen, Kirchen, Geschäfte, Kinos und sogar eine kleine Bibliothek. Und vor allem hatten wir den Strand, einen eine Meile langen Sandstrand am Ufer des Ontariosees und mehr Grünflächen, als ein Kind je erkunden konnte.«

Eine Muttertagskarte des sieben- oder achtjährigen Glenn.

Rückblickend aus einem Abstand von mehr als einem halben Jahrhundert beschrieb Bert Gould die Geburt seines einzigen Kindes als »Erhörung unserer Gebete«. Florence Gould war damals fast einundvierzig und hatte schon mehrere Fehlgeburten hinter sich. Glenns musikalische Begabung zeigte sich bereits ganz früh. »Sobald er alt genug war, um auf den Knien seiner Großmutter am Klavier zu sitzen, ging er nie, wie es die meisten Kinder tun würden, mit der ganzen Hand auf das Instrument los und schlug mehrere Tasten gleichzeitig an«, berichtet der Vater in seinen kurzen unveröffentlichten Erinnerungen. »Stattdessen wollte er immer nur eine Taste anschlagen und so lange niedergedrückt halten, bis der Ton ganz und gar verklungen war. Die verebbende Schwingung begeisterte ihn ungemein.«

Als Glenn Gould drei Jahre alt war, begann ihm seine Mutter Klavierstunden zu geben. Er besaß das absolute Gehör und lernte Noten lesen, bevor er Worte lesen konnte. Mit fünf schrieb er bereits seine ersten Lieder und spielte sie Angehörigen der Kirchengemeinde vor. Und dann, mit sechs, wurde er zu einem Auftritt des legendären Pianisten (und ehemaligen Wunderkinds) Josef Hofmann mitgenommen. »Es war, glaube ich, sein letztes Konzert in Toronto«, erzählte Gould später, »ein überwältigendes Erlebnis für mich. Das Einzige, woran ich mich wirklich erinnern kann, ist, dass ich, als ich im Wagen nach Hause gebracht wurde, in diesen wunderbaren Dämmerzustand fiel, in dem man in seinem Kopf alle möglichen unglaublichen Klänge hört. Es waren alles Orchesterklänge, aber ich war es, der sie spielte, und auf einmal war ich Hofmann. Es war fantastisch.«

Von da an wollte Gould Pianist werden. Seine Mutter unterstützte ihn, indem sie, bis er zehn war, jeden Tag mit ihm übte und seine Ausbildung dann Alberto Guerrero anvertraute, einem in Chile geborenen Pianisten um die fünfundfünfzig, der sich stark zur Moderne hingezogen fühlte und in Toronto als Erster Konzerte mit Werken von Schönberg, Strawinsky und Hindemith gab.

»Er war weniger Klavier- als Musiklehrer«, berichtete der Komponist John Beckwith, der ebenfalls von Guerrero unterrichtet wurde. »Er verstand Musik als tiefernste Verpflichtung und schaffte es irgendwie, dass man das im Kopf behielt, während er einem dabei half, sich körperlich und geistig durch die Noten zu kämpfen – was sich manchmal recht unschicklich gestaltete.« Obwohl Gould später behauptete, er sei im Großen und Ganzen Autodidakt, dürfte Guerrero einen gewissen Einfluss auf seinen brillanten Schützling ausgeübt haben. Beckwith fiel auf, dass beide näher über den Tasten saßen und mit gestreckteren Fingern spielten als die meisten Pianisten; außerdem war »Guerreros Spiel leichter, schneller Passagen nicht nur flüssig und sehr schnell, sondern auch außergewöhnlich klar, weil er die einzelnen Noten voneinander getrennt spielte« – Charakteristika also, die später für das musikalische Wirken Goulds von zentraler Bedeutung wurden.

Zu Guerrero gekommen war Gould durch eine Empfehlung von Sir Ernest MacMillan, dem Dirigenten des Toronto Symphony Orchestra und Leiter des heutigen Royal Conservatory of Music. Hier haben seit seiner Gründung als Toronto Conservatory of Music durch Edwin Fischer im Jahr 1886 Generationen kanadischer Musiker – darunter etwa Jon Vickers, Lois Marshall und Teresa Stratas – ihre künstlerische Ausbildung erfahren, und die Einrichtung ist auch heute noch die angesehenste ihrer Art in Kanada. 1942 begann Gould an dem Konservatorium Stunden zu nehmen. Im Lauf der folgenden vier Jahre studierte es bei Leo Smith Musiktheorie und bei Frederick C. Silvester Orgel.

»Die Orgel hatte auf mich einen ganz, ganz großen Einfluss, und zwar nicht nur auf die spätere Ausrichtung meines Repertoires, sondern auch auf die körperliche Art meines Klavierspiels«, sagte Gould. Mit zwölf konnte er bereits das erste Buch von Bachs *Wohltemperiertem Klavier* auswendig spielen. Er gewann so gut wie jeden Preis, den es am Konservatorium zu gewinnen gab, und schloss seine Ausbildung im Alter von vierzehn Jahren mit der höchsten Auszeichnung ab.

Wunderkinder stehen abseits und wissen das. Das wird wohl einer der Gründe für das große Interesse vieler frühreifer Kinder am Geheimnisvollen und Fantastischen sein. (Bei Gould zeigte es sich in einem mit zwölf Jahren verfassten Opernlibretto über die Selbstvernichtung der Menschheit und die sich anschließende Wiederbesiedlung der Erde durch Angehörige des Tierreichs.) Solche Kinder »verstehen« Außerirdische, weil sie sich schon von früh an ihrer Andersartigkeit, ihrer Besonderheit sehr bewusst sind. Die große Hingabe, mit der sie ihrer Berufung folgen (denn darum handelt es sich wohl eher als um irgendeine bewusste Wahl), verlangt, entsprechend ihrer Veranlagung, eine Absonderung von anderen Kindern. Später sprach Gould gerne davon, dass er »in«, aber nicht »von« dieser Welt sei – dieses Gefühl begleitete ihn mit all seinen Folgen seit seiner frühen Kindheit.

Und so wurde der Junge, der professionelle Musiker verblüffte, weil er alles vom Blatt und im Handumdrehen auswendig spielen konnte, wieder und wieder verspottet, weil er keinen Sport trieb, erwachsenen (und äußerst speziellen) geistigen Beschäftigungen nachging und sich im Allgemeinen nicht dafür interessierte, was Kindsein im landläufigen Sinn ausmachte. Eine solche Fremdartigkeit geht mit einer gewissen Einsamkeit Hand in Hand. Goulds beste Freunde waren seine Tiere, ein Setter namens Nick, ein Vogel namens Mozart sowie ein bemerkenswertes Quartett von Goldfischen, die Bach, Haydn, Beethoven und Chopin hießen und denen er menschliche Eigenschaften zuschrieb.

Tiere können natürlich nicht zurückreden, und Goulds Drang, bei seinen freundschaftlichen Beziehungen alles unter Kontrolle zu haben, zeichnete sich bereits ab. Sein Freund Peter Ostwald unterstreicht, dass »Glenn sich immer bemühte, einen Eindruck entschlossener Unabhängigkeit zu erwecken und als jemand angesehen zu werden, für den menschliche Beziehungen und Vertrautheit etwas völlig Unwesentliches sind. In Wirklichkeit

Umschlag und Titelseite von Glenns erstem Klavierheft.

sehnte er sich nach Kontakt, einem Kontakt, der natürlich seinen Vorstellungen gehorchen sollte, und es gelang ihm oft, jemanden in seinen Bann zu ziehen, wie das später bei mir der Fall war. Sein bemerkenswerter Charme, seine Ausgelassenheit und sein Intellekt zogen Menschen an, aber er schwelgte nur so lange in der ihm entgegengebrachten Aufmerksamkeit, als er die Fäden in der Hand hielt und alles nach seinen Vorstellungen verlief.«

Als Teenager wurde Gould zusehends nervöser und unglücklicher. Der Kummer mag vor allem mit dem damaligen Start seiner professionellen Karriere in Zusammenhang stehen. Dieser ist unterschiedlich datiert: Einmal wird der 12. Dezember 1945 genannt (als Gould im Eaton Auditorium von Toronto ein Orgelkonzert mit Werken von Bach, Mendelssohn und Dupuis gab), ein anderes Mal der 8. Mai 1946 (als er mit dem Toronto Conservatory Orchestra in der Massey Hall den ersten Satz von Beethovens 4. Klavierkonzert spielte) und schließlich der 14. Januar 1947 (als er mit dem Toronto Symphony Orchestra unter Bernard Heinze das gesamte 4. Klavierkonzert zur Aufführung brachte). In einer am nächsten Tag in *The Globe and Mail* von Toronto erschienenen Besprechung des letzten Konzerts wurde Goulds Brillanz gelobt, jedoch auch die aus späterer Zeit vertrauten Bedenken über sein Verhalten auf der Bühne geäußert. »Leider zeigte der junge Künstler einige Ansätze zu manieristischem Gebaren und hatte sich nur unter Kontrolle, wenn er spielte«, schrieb der Verfasser. »Mit zunehmendem Alter wird er zweifellos lernen, dieses störende Zappeln zu unterdrücken, wenn die anderen Musiker am Zug sind.«

Das hat Gould nicht getan. Dennoch war er in den musikalischen Kreisen der Stadt bereits mit vierzehn eine Legende, und Walter Homburger, der Manager des Toronto Symphony Orchestra und einer der führenden Vermittler klassischer Musik in Kanada, erklärte sich bereit, den jungen Künstler unter seine Fittiche zu nehmen. Die meisten der frühen Auftritte Goulds fanden im Raum Toronto statt, und nur ab und zu machte er einen Abstecher nach Hamilton oder nach London, Ontario. Am 24. Dezember 1950 aber war er überall in Kanada zu hören, und von da an sollte sich sein Leben für immer verändern.

An diesem Sonntagmorgen strahlte der kanadische Rundfunk CBC live Goulds Interpretation einer Mozart- und einer Hindemith-Sonate aus. Ein denkwürdiger Tag, wie sich der Künstler erinnerte: »Ich entdeckte, dass ich in der Privatheit, der Einsamkeit und (Freudianer bitte zurücktreten!) der mutterschoßartigen Geborgenheit des Studios imstande war, auf eine direktere und persönlichere Art Musik zu machen, als das in einem Konzertsaal jemals möglich wäre. An diesem Tag habe ich mich in den Rundfunk verliebt, und seit damals kann ich nicht an die Potenziale der Musik (und meine Potenziale als Musiker) denken, ohne irgendwie einen Bezug zu den schrankenlosen Möglichkeiten des Rundfunk- und/oder Aufnahmemediums herzustellen. Für mich war das Mikrofon nie der feindselige, nüchterne, die Inspiration untergrabende Analytiker, über den sich manche Kritiker beschweren, die Angst vor ihm haben. Es ist an jenem Tag im Jahr 1950 mein Freund geworden und ist es geblieben.«

Drei Jahre später spielte Gould seine erste kommerzielle Aufnahme ein. Es war eine 78er Platte für das Label Hallmark mit der Klaviersonate op. 1 von Alban Berg und drei Stücken mit dem kanadischen Geiger Albert Pratz. Im Lauf der nächsten Jahre festigte er seinen Ruf in Kanada, indem er weiter für die CBC tätig war – eine keusch klassische Aufnahme des 2. Klavierkonzerts von Beethoven in B-Dur, das Gould von allen fünf Konzerten immer das liebste war, mit MacMillan und dem Toronto Symphony Orchestra ist noch erhalten – und in zwei Konzerten mit Werken von Berg, Schönberg und Webern spielte und moderierte. Die Konzerte versah er dann mit einem Kommentar und produzierte sie gemeinsam mit Robert Fulford. Die beiden hatten ihr Unternehmen »New Music Associates« genannt. Für ihr drittes Projekt schlug Gould ein Programm vor, das nur Bach-Werke enthalten sollte. »Aber Glenn, wir heißen doch *New* Music Associates! Warum dann ein Bach-Konzert?«, fragte Fulford seinen Freund. Gould erwiderte: »Bach ist immer neu.«

Gould hatte begonnen, sich als aufregender und überzeugender Künstler zu etablieren, der radikal individuelle Wege beschritt. Als die Zeit für sein Debüt in den USA kam – er spielte am 2. Januar 1955 in der Phillips Gallery in Washington, D. C., und wiederholte das Konzert eine Woche später im Rathaus von Manhattan –, entschied er sich für Werke von Orlando Gibbons, Jan Sweelinck, Berg, Webern, Beethoven und Bach: für den ersten Auftritt eines zweiundzwanzigjährigen, in den Vereinigten Staaten noch unbekannten Pianisten ein in jeder Hinsicht kompromissloses und unerhörtes Programm.

Gould liebte Tiere so sehr, dass er schon als Jugendlicher der Nationalen Gesellschaft gegen Vivisektion beitrat. Als er starb, vermachte er einen nicht unbeträchtlichen Teil seines Vermögens der Tierschutzorganisation Toronto Humane Society.

Und es geschah, dass das Konzert auf ebenso spektakuläre Weise einschlug. »Nur wenige Pianisten spielen so schön, so liebevoll, so musikantisch und mit einer so großen Hochachtung für die wahre Natur des Instruments und die gewaltige Literatur dafür«, schrieb Paul Hume in der *Washington Post*. »Glenn Gould ist ein Pianist, der für die Welt seltene Gaben bereithält. Sie muss ihn bald erhören und ihm die Ehre und die Zuhörer schenken, die er verdient. Wir kennen keinen Pianisten gleich welchen Alters, der sich mit ihm vergleichen ließe.«

Auch David Oppenheim, der Direktor von Columbia Masterworks (später Sony Classical), einer der beiden damals größten amerikanischen Schallplattenfirmen, kannte keinen. Gleich am Morgen nach dem Konzert in New York nahm er Gould unter Exklusivvertrag. Man beschloss, dass die erste Aufnahme des Künstlers für das Label die »Aria mit verschiedenen Veränderungen« von Johann Sebastian Bach sein sollte, die heute weltweit unter dem Namen *Goldberg-Variationen* bekannt ist. Das war eine kühne Wahl, und es überrascht nicht, dass sich bei Columbia so mancher Sorgen machte.

An dieser Stelle mag eine historische Bemerkung angebracht sein. Mitte der 1950er Jahre gab es zwei mehr oder weniger anerkannte Arten, Bachs Werke für Tasteninstrumente zu spielen. Die bei Aufführungen barocker Werke um musikwissenschaftliche »Authentizität« bemühte Bewegung begann damals an Einfluss zu gewinnen, und eine Reihe einflussreicher Interpreten, Pädagogen und Kritiker hatten Bach für das Klavier als absolut ungeeignet erklärt. Sie versicherten, dass diese Musik in naher Zukunft nur mehr auf dem Cembalo oder Clavichord gespielt und Klavierinterpretationen von Werken Bachs das Schicksal so manches viktorianischen Relikts ereilen werde. Währenddessen spielten einige großartige Musiker Bach unbeirrt weiter auf ihren Steinway- und Bösendorfer-Flügeln, wie sie es schon immer getan hatten. Allerdings war das meist ein romantisierter Bach: ein lyrischer, leuchtender Bach, bei dem der Schwerpunkt eher auf harmonische Einheit als auf kontrapunktisches Wechselspiel gelegt und der Klang stark durch das Piano-Pedal bestimmt wurde.

Goulds erste Aufnahme der *Goldberg-Variationen* kündete von einem ganz neuen Zugang zu Bach, einem Zugang, der die reinen, getrennten kontrapunktischen Stimmen, die am Cembalo so einfach nachzuzeichnen sind, mit der Klangfarbe und der dynamischen Qualität des modernen Klaviers verband. Noch nie zuvor wurde Bach mit einer dermaßen überwältigenden und prägnanten Virtuosität gespielt.[*] Und hinter der technischen Großartigkeit war auch eine bemerkenswerte geistige Intensität spürbar.

Über Goulds Umgang mit Bach konnte man streiten – und das taten auch viele. Man konnte seine Interpretationen sogar ablehnen. Unmöglich aber war es, zu übersehen, dass Gould einen frischen, originellen und für die meisten Zuhörer äußerst ansprechenden Weg gefunden hatte, die Werke eines Komponisten zu interpretieren, den man damals noch immer eher verehrte als liebte. Gewiss hatte es bereits früher einige bewundernswerte Aufnahmen der *Goldberg-Variationen* gegeben, etwa von Wanda Landowska und Rosalyn Tureck am Cembalo oder von Edwin Fischer am Klavier, doch das Werk galt im Allgemeinen als spröde, dunkle und halb akademische Komposition, die sich eher für theoretische Analysen eignete, als dass es jemandem Hörvergnügen bereiten könnte.

Doch Gould wusste genau, was er tat, und die Aufnahme war bei Publikum und Kritik sofort ein Erfolg. Seither ist sie ununterbrochen im Handel erhältlich und findet sich nun schon fast ein halbes Jahrhundert lang im Verzeichnis der Plattenfirma. Goulds *Goldberg-Variationen* waren eine jener seltenen Klassikeinspielungen, die von der breiten Öffentlichkeit als ein wirkliches intellektuelles Ereignis aufgenommen wurden. Wer in den 1950er Jahren jung war, in Ingmar-Bergman-Filme ging, sich durch William Gaddis *The Recognitions* kämpfte, Sartre und Camus las und den wüsten stilistischen Verrenkungen und Wendungen von Miles Davis und anderen zeit-

OBEN Cover von Goulds erster kommerzieller Aufnahme, die 1953 auf den Markt kam.
UNTEN Cover der Columbia-Einspielung der *Goldberg-Variationen* von 1955, mit der Gould der Durchbruch gelang.

---

[*] Die einzige frühere Bach-Aufnahme, die in ihrer Klarheit, Brillanz und wilden linearen Konzentration entfernt »gouldisch« klingt, ist die der Partita Nr. 4 des amerikanischen Pianisten William Kapell. Die Aufnahme blieb unvollständig, weil der Künstler 1953 bei einem Flugzeugabsturz ums Leben kam. Kapell hatte das Werk zwei Jahre zuvor in Toronto gespielt, und Guerrero hatte das Konzert in *The Globe and Mail* rezensiert. Es ist daher zumindest möglich, dass Gould von diesem großen Zeitgenossen beeinflusst wurde, mit dem ihn aber sonst kaum etwas verband.

genössischen Jazzmusikern folgte, der war höchstwahrscheinlich auch ein Gould-Fan.

Der Junge aus dem Beaches-Viertel war mit einem Schlag ein großer Star, ein Star mit einer Schallplatte, die sich bestens verkaufte, einem Kalender, der angefüllt war mit hochrangigen Konzertterminen, die bis in die nächsten Jahre reichten, einem prächtigen Haus mit sechsundzwanzig Zimmern am Stadtrand von Toronto und begeisterten Anhängern auf der ganzen Welt. 1957 trat Gould als erster kanadischer Künstler in der Sowjetunion auf und erntete in Moskau und Leningrad stürmischen Beifall, bevor er wieder in den Westen zurückkehrte, um dort sein Debüt mit den Berliner Philharmonikern unter Herbert von Karajan zu geben, dem Generalmusikdirektor Europas, der damals auf dem Höhepunkt seiner Macht angelangt war. Gould hatte es in jeder Hinsicht geschafft.

Es war, wie er sich später erinnerte, die schlimmste Zeit seines Lebens. Gould fühlte sich in seinem Ruhm gefangen. Liveauftritte waren ihm von Anfang an verhasst. So schlagartig berühmt geworden musste er nun feststellen, dass er auch Tourneen hasste, Flüge hasste, die Empfänge nach den Konzerten, den geforderten gesellschaftlichen Smalltalk hasste und die Hysterie, die ihn überallhin begleitete und die mit Musik nichts zu tun hatte. »Bei Konzerten fühle ich mich erniedrigt und komme mir wie ein Varietékünstler vor«, klagte er.

Das Publikum erwartete von Glenn Gould tatsächlich eine Art Show. Er neigte dazu, laut mitzusingen, wenn er spielte. Er saß gerne sehr tief und hatte immer seinen Klappstuhl dabei, von dem aus die Tastatur für ihn fast auf Augenhöhe lag. Er trug den ganzen Sommer hindurch schwere Mäntel – »Ich habe schreckliche Angst davor, mich zu erkälten«, sagte er – und spielte auch schon mal mit fingerlosen Handschuhen. Und eines interessierte ihn überhaupt nicht: was sich den Gepflogenheiten gemäß auf der Bühne schickte und was nicht. Sein ganzer Körper bebte und wand sich über der Tastatur, und sein ausdrucksstarkes Gesicht schien das Wesen der Musik in all ihrem Leid und ihrer Verzückung widerzuspiegeln.

Columbia Masterworks bauschte diese »verrückten« Züge in einer mit den *Goldberg-Variationen* verschickten Pressemitteilung auf, welche die Umstände der Aufnahme zu schildern vorgab. »Es war zwar ein milder Junitag, aber Gould erschien mit Mantel, Baskenmütze, dickem Schal und

Schaufenster des Kaufhauses Simpson in Toronto unmittelbar nach dem Erscheinen der *Goldberg-Variationen* 1955.

Handschuhen. Seine ›Ausrüstung‹ umfasste die übliche Notenmappe sowie einen Stoß Handtücher, zwei große Flaschen Mineralwasser, fünf Fläschchen mit Pillen (verschiedener Farbe und Wirkung) und seinen speziellen Klavierstuhl. Handtücher brauchte er, wie sich herausstellte, so viele, weil er, bevor er sich ans Klavier setzt, seine Unterarme und Hände bis zu zwanzig Minuten in heißem Wasser badet. ... Die Mineralwasserflaschen benötigte er, weil er das New Yorker Leitungswasser nicht verträgt. Und die Tabletten waren gegen alles Mögliche: gegen Kopfschmerzen, gegen Verspannungen, gegen Kreislaufstörungen.«

Gould versuchte manchmal, seinen Ruf als Kauz herunterzuspielen. »Ich finde, ich bin überhaupt nicht exzentrisch«, schrieb er. »Es stimmt, dass ich meist ein oder zwei Paar Handschuhe trage und einige vernünftige Vorkehrungen treffe, was meine Gesundheit angeht. Manchmal spiele ich auch ohne Schuhe oder werde in einem Konzert von der Musik so mitgerissen, dass mir das Hemd aus der Hose rutscht oder, wie sich manche meiner Freunde beschwert haben, es so aussieht, als würde meine Nase die Tasten niederdrücken.« Er war auch bereit, sich für sein Mitsingen zu entschuldigen. »Ich verstehe nicht, wie das überhaupt jemand aushält, aber ich spiele nicht so gut, wenn ich nicht mitsinge.«

Musik war für Gould immer eine sehr ernste Angelegenheit, und er hasste es, wie seine Konzerte jetzt als Auftritte eines Spinners gehandelt wurden. »Ich hatte keinen der Begleitumstände meines Spiels – meine Exzentrizitäten, wenn man so will – für erwähnenswert erachtet«, bemerkte er einmal in einem Interview. »Dann sagten auf einmal eine Reihe wohlmeinender Leute in der Kunstwelt: ›Lieber junger Mann, Sie müssen sich zusammenreißen und mit diesem Unsinn aufhören!‹ Ich hatte nie über den Stellenwert nachgedacht, den das Erscheinungsbild – zumindest für manche Menschen – hat. Als man mich etwa 1956 darauf aufmerksam machte, wurde ich auf einmal in allem, was ich tat, äußerst befangen. Das ganze Geheimnis meines bisherigen Spiels lag darin, mich ausschließlich auf die Verwirklichung einer bestimmten Vorstellung des Werks zu konzentrieren, ohne darauf Rücksicht

zu nehmen. wie mir das körperlich gelang. Diese neue Befangenheit bereitete
mir große Schwierigkeiten.« Gould hatte zu glauben begonnen, dass das
ganze Theater im Konzertsaal ihn daran hinderte. Musik zu machen.

Rückblickend erscheinen heute manche seiner »Exzentrizitäten« als sehr
vernünftig. vor allem sein Beharren darauf, die Hände in heißem Wasser zu
baden. bevor er spielte. Fast jeder frühe Artikel über Gould sieht in dieser
»Marotte« ein Beispiel für »den schmalen Grat zwischen Genie und Wahn-
sinn« oder etwas ähnlich Banales. Mehrere bedeutende Pianisten. die sich in
den 1950er Jahren einen Namen machten – ich denke vor allem an Leon
Fleisher und Gary Graffman – , konnten schließlich infolge von Umständen,
die heute verdächtig nach Überanstrengung klingen. eine oder gar beide
Hände nicht mehr gebrauchen. Und am Beginn des 21. Jahrhunderts leiden
viele Menschen. die am Computer arbeiten. unter dem so genannten Repeti-
tive-Strain-Injury- oder Mausarm-Syndrom. Heute weiß man. dass eine der
besten Vorbeugemaßnahmen darin besteht, die Hände
abwechselnd in heißem und kaltem Wasser zu baden.

»Glenn Gould war in diesem Punkt ungeheuer brillant«,
meinte Fleisher 1996. »Er wusste, worauf es ankommt. Es
war genau. was wir alle hätten tun sollen – keine Mühe zu
scheuen. um den Kreislauf wieder in Gang zu bringen und
die Verspannungen zu lösen. Aber damals hatte ja niemand
eine Ahnung!«

YOUR COOPERATION WILL BE APPRECIATED .....

A pianist's hands are sometimes injured in ways which cannot be pre-
dicted. Needless to say, this could be quite serious.

Therefore - I will very much appreciate it if handshaking can be avoided.
This will eliminate embarrassment all around. Rest assured that there
is no intent to be discourteous - the aim is simply to prevent any possi-
bility of injury.

Thank you.

GLENN GOULD

In den späten 1950er und frühen 1960er Jahren gab Gould also weiter an
den verschiedensten Orten der Welt Konzerte. trug seine Mäntel. badete seine Hände. summte drauflos und machte überirdisch schöne Musik. 1958
und 1959 ging er auf Europatournee. spielte auch in Salzburg (das Konzert
gibt es inzwischen auf CD) und mit dem London Symphony Orchestra unter
Josef Krips die ersten vier Klavierkonzerte von Beethoven. Das Tempo der
Tournee erschöpfte ihn. Innerhalb von vier Wochen. vom 14. Dezember
1958 bis zum 9. Januar 1959, spielte er auf einem Konzert in Tel Aviv Werke
von Schönberg. Mozart und Bach. unter Paul Paray in Detroit Mozarts Klavierkonzert in c-Moll (KV 491), das 4. Klavierkonzert von Beethoven unter
Antal Dorati in Minneapolis, das Es-Dur-Klavierkonzert von Beethoven
unter André Kostelanetz in Houston und abermals das Schönberg-Mozart-

Bach-Programm, diesmal in Pasadena. Und er spielte damals auch einige seiner schönsten Aufnahmen ein: zahlreiche Bach-Werke wie das Konzert in d-Moll, Beethovens 2. Konzert in der ersten Zusammenarbeit mit Leonard Bernstein, eine erhabene und tragische Interpretation von Mozarts Konzert in c-Moll mit Walter Süsskind sowie 1960 eine düstere Auswahl von Brahms-Intermezzi, die keinen Zweifel daran lassen, dass Gould romantische Werke in ihrer Sprache und mit großem Gefühl wiederzugeben verstand.

Nach einer Aufführung des 1. Klavierkonzerts von Brahms mit Bernstein und den New Yorker Philharmonikern 1962 erschienen jedoch einige der bissigsten und ungerechtesten Kritiken in Goulds gesamter Laufbahn. Bei der Vorbereitung des Konzerts war es zu Meinungsverschiedenheiten zwischen dem Dirigenten und dem Solisten gekommen. Gould wollte das Konzert langsamer und meditativer spielen als üblich, während Bernstein auf einer traditionellen Interpretation bestand. Letzten Endes setzte sich Gould durch, doch Bernstein hielt es für angebracht, vor dem Konzert vor das Publikum zu treten und sich vorsichtig von der Interpretation zu distanzieren.

Entgegen der gängigen Auffassung hatte Gould überhaupt nichts gegen Bernsteins Distanzierung. »Solisten und Dirigenten sind nie einer Meinung«, sagte er 1982. »Warum sollte man das dem Publikum verheimlichen, vor allem wenn beide Seiten dennoch ihr Bestes geben?« Und Bernstein gelang es tatsächlich, das Orchester, das sich an diesem Nachmittag besonders für ihn anstrengte, wunderbar aufzupeitschen: der Einspielung, die erst 1985 erschien, merkt man jedenfalls keineswegs an, dass Bernstein nicht an die Interpretation glaubte. (Eine spätere Aufnahme Bernsteins von dem Konzert mit Krystian Zimerman dauert übrigens länger als die umstrittene Interpretation von 1962.)

Die Kritik reagierte jedoch mit unglaublicher Schärfe. »Eine Art Agonie überkam einen, die sich vielleicht am ehesten mit jenem Gefühl der Ungeduld in einem verspäteten Pendlerzug vergleichen lässt, wenn man die nicht endenden Stationen zählt, die einen vom Ziel trennen«, schrieb Winthrop Sargeant in *The New Yorker*. Der Besprechung von Paul Henry Lang in der New Yorker *Herald Tribune* zufolge litt Gould »unter musikalischen Halluzinationen, die ihn für öffentliche Auftritte ungeeignet machen«. Und Harold C. Schonberg, der erste Kritiker der *New York Times*, wandte sich in seiner

Diese Karte gab Gould an Fans und Reporter aus:

Vielen Dank für Ihre Rücksichtsnahme ... Manchmal erleiden die Hände eines Pianisten unvorhersehbare Verletzungen. Es erübrigt sich wohl zu sagen, dass das eine äußerst ernsthafte Angelegenheit sein kann. Ich bin Ihnen daher sehr dankbar, wenn Sie davon Abstand nehmen, mir die Hand zu schütteln. So gerät keine der beiden Seiten in Verlegenheit. Ich darf Ihnen versichern, dass ich in keiner Hinsicht unhöflich zu sein beabsichtige: Mir liegt einzig daran, mögliche Verletzungen zu vermeiden.
Vielen Dank   GLENN GOULD

in einer Art jiddischem Idiom verfassten Rezension an einen imaginären Freund: »Unter uns gesagt, Ossip – also unter dir und mir und der Straßenlaterne an der Ecke –, vielleicht ist ja der Grund dafür, dass er so langsam spielt, der, dass er keine so gute Technik hat.«

Wer konnte solche Kränkungen gebrauchen? Sicher nicht ein so stolzer und sensibler Mensch wie Glenn Gould, der bereits seit einiger Zeit seine Flucht plante. 1963 beschränkte er die Zahl seiner Konzerte auf acht. Danach trat er nur noch zweimal auf, nämlich im März und im April 1964 in Chicago und in Los Angeles. Dann war es mit der Bühne ein für allemal vorbei. Gould gab keine öffentliche Erklärung ab. Dass er sich später weder an den Zeitpunkt noch an den Ort seines letzten Konzerts richtig erinnerte, lässt eigentlich vermuten, dass er ursprünglich nichts so Endgültiges im Sinn hatte. Jedenfalls nahm er keine weiteren Engagements mehr an. »Ich kann mir einfach nicht vorstellen, zu diesem schrecklichen, flüchtigen Leben zurückzukehren, das mir, wie du weißt, nie gefallen hat«, schrieb er im Februar 1965 an die russische Freundin Kitty Gvozdeva. »Ich habe auf jeden Fall viel mehr Aufnahmen machen können als früher.«

Hätte ihm jemand zugehört, wäre Gould mehr als bereit gewesen, seinen Entschluss zu erklären. Er hatte satt, was er die »non-take-two-ness«, das »Keine-Klappe-die-Zweite-tum« des Konzertbetriebs nannte – die Unmöglichkeit, Ausrutscher und andere kleine Fehler zu korrigieren. Er wies darauf hin, dass die meisten kreativen Künstler an ihrer Arbeit herumbasteln und sie vervollkommnen könnten, es aber bei Livekonzerten darum gehe, das Werk jedes Mal von Grund auf neu zu erschaffen. Gould war der Ansicht, dass dies einen »schrecklichen Konservativismus« zur Folge habe, der es einem Künstler wenn nicht unmöglich, so doch zumindest schwer mache, zu lernen und zu wachsen.

Gould setzte stattdessen auf *The Prospects of Recording* (»Die Zukunftsaussichten der Tonaufzeichnung«), um es mit dem Titel seiner grundlegendsten Ausführungen zu dem Thema zu sagen. »Die Technik kann ein Klima der Anonymität schaffen und gibt dem Künstler die Zeit und die Freiheit, seine Vorstellung eines Werks nach besten Kräften zu entwickeln«, meinte er. »Sie kann diese schrecklichen und menschlich schädlichen Unsicherheiten ersetzen, die Konzerte mit sich bringen.«

Gould ging mit dieser Auffassung ziemlich weit und behauptete, bis zum Jahr 2000 hätten sich Konzerte überlebt, und Aufnahmen – und zwar nur Aufnahmen – seien die Zukunft. In bestimmter Hinsicht hatte er natürlich Recht. Viele von uns kennen Opern, Symphonien und Sonaten nur durch Aufnahmen und werden die Werke nie live hören. War es früher einmal notwendig, eine kleine Stadt in Bayern aufzusuchen, um in den Genuss von Wagners *Parsifal* zu kommen, genügt heute ein gebührenfreier Anruf, um sich ein Dutzend verschiedene Aufnahmen des Werks nach Hause liefern zu lassen. Und als 1981 Strauss' *Elektra* aus der Metropolitan Opera für das Fernsehen übertragen wurde, sollen an diesem einen Abend mehr Männer, Frauen und Kinder das Werk gehört und gesehen, als jemals, seit der Premiere 1909, Menschen Aufführungen besucht haben.

Fest steht dennoch, dass viele Hörer – und Musiker – Konzerte lieben, und es gibt keinerlei Anzeichen für das Aussterben dieser Einrichtung. Es ist interessant, Goulds Ansichten über Konzertauftritte mit den Aussagen Arthur Rubinsteins zu vergleichen. Die beiden Männer trafen 1970 zusammen, und das Gespräch zwischen ihnen wurde in der Zeitschrift *Look* veröffentlicht.

Handzettel für die Beethoven-Konzerte, die Gould 1959 zusammen mit dem London Symphony Orchestra aufführte.

Werbeplakat der CBS für *Die Idee des Nordens* mit Gould als Lokomotivführer.

Rubinstein sprach begeistert von »dem Gefühl zu Beginn, wenn das Publikum eintrifft, die Leute kommen vom Abendessen, denken an ihre Geschäfte, die Frauen beobachten, was andere Frauen tragen, die Mädchen blicken sich nach gut aussehenden jungen Männern um und umgekehrt – überall diese ungeheure Unruhe, und ich spüre diese Unruhe selbstverständlich. Wenn man in guter Stimmung ist, schenken einem alle ihre Aufmerksamkeit. Man braucht bloß einen Ton anzuschlagen und eine Minute lang zu halten – schon hören sie einem zu, als hätte man sie in der Hand.«

»Gab es nie einen Augenblick, in dem Sie diese ganz besondere Ausstrahlung des Publikums gefühlt haben?«, fragte Rubinstein Gould. »Hatten Sie nie das Gefühl, die Seele dieser Menschen erobert zu haben?«

»Ich wollte ihre Seelen nicht, wissen Sie«, erwiderte Gould. »Na ja, das ist vielleicht ein bisschen blöd gesagt. Natürlich wollte ich einen gewissen Einfluss auf sie ausüben, glaube ich, wollte ihr Leben irgendwie prägen, ›Gutes‹ tun, um ein altmodisches Wort zu gebrauchen, aber Macht über sie wollte ich nicht haben, verstehen Sie, und die Gegenwart der Menschen an sich fand ich überhaupt nicht anregend. Ich spielte wegen ihnen eigentlich immer weniger gut.«

»Da haben wir's: Wir sind das genaue Gegenteil, stimmt's? Wir sind das genaue Gegenteil!«, sagte Rubinstein. Und doch mochten und bewunderten die beiden Männer einander aufrichtig: Gould gestand Rubinstein, dass dessen Aufnahme von Brahms' Klavierquintett »die großartigste Einspielung eines Kammermusikstücks mit Klavier« sei, die er »in seinem ganzen Leben gehört« habe.

Ein anderer Musiker, den Gould verehrte, war Leopold Stokowski. Ihn hielt Gould im Bereich der klassischen Musik für den ersten Künstler, der die Aufnahme zu einer eigenständigen Kunstform entwickelt hatte. Die beiden spielten gemeinsam Beethovens 5. Klavierkonzert für eine Schallplatte ein, und Gould machte nicht nur eine Rundfunkdokumentation, sondern schrieb über den Dirigenten später auch einen lustigen und kenntnisreichen Artikel. (Weitere Rundfunkporträts widmete Gould dem Cellisten Pablo Casals und dem Komponisten Ernst Krenek.)

Die CBC hat jetzt mehrere von Goulds Radiostücken auf CD herausgebracht. Die charakteristischsten sind wohl die drei Dramen der »Trilogie der Einsamkeit«, *Die Idee des Nordens* (1967), *Die Spätankömmlinge* (1969) und *Die Stillen im Lande* (1977), die aus Interviews, Klangeffekten (*Die Spätankömmlinge* werden vom Geräusch des Meeres an den Küsten Neufundlands begleitet) und vereinzelten Konzertmusikstücken (das Finale von Sibelius' 5. Sinfonie bildet auch das Finale der *Idee des Nordens*) besteht.

Gould war der Überzeugung, dass die Laute der gesprochenen Sprache eine musikalische Dimension besitzen, die im traditionellen Rundfunk nicht berücksichtigt wird. »Als *Die Idee des Nordens* 1967 erstmals ausgestrahlt wurde, gab es das Modewort ›aleatorisch‹, und manche Kritiker verwendeten den Begriff kurzerhand für meine Arbeit«, erzählte er mir 1980. »Nichts hätte der Wahrheit ferner sein können, und um diesem Eindruck etwas entgegenzustellen, begann ich von ›kontrapunktischem Radio‹ zu sprechen, weil ich betonen wollte, dass es sich um eine sehr durchkomponierte Form handelt – bei der sich nicht unbedingt in jedem Fall eine Fuge ergeben muss, aber jede Stimme ein recht prächtiges Eigenleben führt und gewissen Parametern der Harmonielehre gehorcht. Ich habe sehr genau hingehört, wie die Stimmen sich einerseits sowohl klanglich als auch in dem, was gesagt wurde, zu einem Ganzen fügten und andererseits voneinander abprallten.«

Der Norden faszinierte Gould seit seiner Kindheit. Er verband mit ihm Ordnung, Reinheit und Stille, und ihm schien, dass die meisten Menschen, die sich auf den Norden einließen, als »Philosophen« endeten – in welch chaotischer Form auch immer.

»Keiner von ihnen wurde im Norden geboren«, fuhr er fort. »Aus irgendeinem Grund haben sie sich entschlossen, im Norden zu leben. Warum auch immer sie dorthin gezogen sein mögen – und die Motive liegen bei jedem Menschen anders –, jeder Einzelne scheint einen bestimmten Prozess durchgemacht zu haben, der sein Leben einschneidend verändert hat. Zuerst widersetzten sich die meisten der Veränderung: Sie suchten Hilfe, sprachen mit ihren Freunden, versicherten sich, dass ihr Abonnement des *New Yorker* fortbestand etc. Doch nach einer gewissen Zeit kamen sie meist an einen Punkt, an dem sie sich sagten: ›Nein, deswegen bin ich nicht hier in den Norden gekommen.‹

Im Allgemeinen habe ich festgestellt, dass die Leute, die lang genug durchhielten und nicht mehr wissen wollten, was ihre Kollegen dachten oder wie die Welt auf das reagierte, was sie taten, sich auf eine außergewöhnliche Weise entwickelten und sich radikal veränderten. Aber ich bin der Ansicht, dass das jedem widerfahren kann, der sich entschließt, abgeschieden zu leben – und sei es auch mitten in Manhattan. Ich glaube nicht, dass der tatsächliche Breitengrad da irgendeine Rolle spielt. ... Ausschlaggebend war für mich zu sagen: ›Es ist ganz egal, was meine Kollegen da an irgendeiner x-beliebigen Universität oder an der Fakultät für Äußere Angelegenheiten über diese Einsamkeit denken, weil ich sie will und ich werde durch sie etwas herausfinden.‹«

Es war diese Bereitschaft, Tabula rasa zu machen und die Welt von Grund auf neu zu erschaffen, die Gould als Musiker und Denker von anderen unterschied. Paul Myers, der Produzent vieler frühen Aufnahmen Goulds, beschrieb das musikalische Vorgehen des Pianisten: »Er kümmert sich weder um traditionelle Interpretationsansichten noch um bereits eingespielte maßgebliche Versionen eines Werks. Stattdessen spielt er ein Stück am liebsten so, als sei es gerade erst komponiert worden und hätte der ersten Interpretation geharrt. Wenn er im Studio ist, macht er gerne bis zu zehn oder fünfzehn Aufnahmen eines Stücks, von denen jede anders und viele überzeugend sind. Es ist, als wollte er die Komposition von allen Seiten unter die Lupe nehmen, bevor er sich für eine endgültige Version entscheidet. Das ist an und für sich schon eine Seltenheit, weil nur wenige Pianisten dafür die erforderliche Technik mitbringen. Seine provokanten musikalischen Ideen, gestützt durch die absolute Redlichkeit seiner Absichten und einem durch und durch wissenschaftlichen Verständnis der technischen Funktionsweise des betreffenden Stücks, machen ihn, je nach Standpunkt, entweder zu einem musikalischen Advocatus Diaboli oder einem Enfant terrible. Eines jedenfalls steht außer Zweifel: Eine Aufnahme von Glenn Gould ist unverkennbar eigen und Ergebnis eingehender Studien und Überlegungen sowohl am Klavier als auch fern von ihm.«

Glenn Gould ist ein außerordentlich überlegener, freundlicher und rück-
sichtsvoller Mensch. Er ist im Grunde genommen weder exzentrisch noch
egozentrisch. Glenn Gould ist jemand, der herausgefunden hat, wie er leben
will, und genau das tut.

GEOFFREY PAYZANT

In den letzten achtzehn Jahren seine Lebens, berichtete Payzant, lebte Gould
weitgehend so, wie er wollte: Er stand am späten Nachmittag auf, trank
kannenweise leichten Tee, telefonierte mit seinen Freunden auf der ganzen
Welt, arbeitete nachts an seinen Projekten und nahm schließlich gegen sechs
oder sieben Uhr morgens, kurz bevor er zu Bett ging, seine einzige Mahlzeit
am Tag ein. Obwohl er gleich nördlich des Zentrums von Toronto in der St.
Clair Avenue West Nr. 110 ein Penthouse besaß, verbrachte er die meisten
Nächte in Hotels, gewöhnlich im Inn on the Park an der Kreuzung Eglington
Avenue/Leslie Street, das er wegen seines 24-Stunden-Room-Service schätz-
te und in dem er auch ein Studio eingerichtet hatte.

Dieses Studio war nicht größer als eine Zelle. Die Fenster hatte Gould
verbarrikadiert, die Vorhänge waren zugezogen, und das Zimmer war voll
mit Bändern, Tonbandgeräten, Videorekordern, etwas Lesestoff und Schreib-
blöcken; auch eine billige Stereoanlage und ein Fernsehapparat gehörten zur
Ausstattung. (Er verpasste die Einführung des PC nur knapp; er wäre vom
Internet begeistert gewesen!) Gould spekulierte mit Aplomb an der Börse,
sah sich, wann immer es möglich war, *The Mary Tyler Moore Show* an und
raste in den frühen Morgenstunden mit seinem Wagen durch die Stadt. Verließ er Ontario, dann meist um aus beruflichen Gründen nach New York zu
fahren oder um in den kältesten Monaten des Jahres einen Nebensaison-
Urlaub auf einer der Inseln vor der Küste Georgias zu verbringen.

Sicher war das für einen »Star« eine ungewöhnliche und idiosynkratische
Lebensweise. Gould war in diesen Jahren jedenfalls außerordentlich produk-
tiv. Er schrieb zahlreiche Texte über Musik, Musiker und Aufnahmen. Er
moderierte Dutzende Programme für die CBC und drehte mit dem Filmemacher John McGreevy eine Dokumentation über Toronto. Die BBC produzierte vier brillante *Gespräche mit Glenn Gould*, in denen er sich mit Hum-
phrey Burton über Bach, Beethoven, Strauss und Schönberg unterhielt. Er
trat in der mehrteiligen Fernsehserie seines Freundes Yehudi Menuhin.

Cover der ersten, von Columbia 1961 veröf-
fentlichten Aufnahme Goulds mit Klavier-
stücken von Johannes Brahms.

The Music of Man, auf. einem frühen Beispiel multikulturellen Denkens. Und er machte weitere Aufnahmen: Werke von Bach, Sonaten von Beethoven und Haydn, Kuriositäten von Bizet, Grieg und Sibelius, Transkriptionen von Wagner-Opern, eine hinreißend schöne Platte mit Musik von William Byrd und Orlando Gibbons und vieles mehr.

Nach 1970 nahm Gould die meisten Platten in Toronto auf; er mietete das Eaton Auditorium, mit dem so viele Erinnerungen an seine frühen Jahre verbunden waren. Der Saal hatte eine wunderbare Akustik, doch wahrscheinlich waren für Goulds Anhänglichkeit an diesen Ort eher emotionale Motive verantwortlich. Die Schließung des Eaton Auditorium im Jahr 1980 empfand er als persönlichen Angriff. (Obwohl das Gebäude niedergerissen werden sollte, steht es wider Erwarten heute noch. Man hat es inzwischen restauriert, und es soll 2003 wieder eröffnet werden.)

Andrew Kazdin, der fünfzehn Jahre für Gould als Produzent tätig war, hat ihre letzte Zusammenkunft in dem geschlossenen Haus beschrieben: »Es sah aus, als wäre eine Bombe eingeschlagen. Es fehlten Wände, und manche Türen waren mit Brettern vernagelt. Es gab kein Licht. Und es gab keine Heizung.« Die letzten Aufnahmen fanden im Oktober 1979 statt. Es war bereits kalt geworden, und Gould gelang es, sein Behelfsstudio mit vier großen Heizapparaten zu bestücken. »Diese von Benzintanks gespeisten Geräte, die an Düsenmotoren erinnerten, wurden in den Gängen des Saals in Stellung gebracht. Sie brausten wie Hochöfen und konnten nur eingeschaltet werden, wenn wir gerade nicht aufnahmen. Der Raum wurde also auf eine Temperatur erwärmt, in der menschliches Leben überdauern konnte, dann wurden die Heizgeräte wieder abgedreht, und wir nahmen auf. In gewissen Abständen bekam der Saal im Lauf des Abends ›Nachimpfungen‹ mit heißer Luft.« Für das Cover einer seiner letzten Platten entschied sich Gould für eine Fotografie, die ihn missmutig in dem heruntergekommenen Eaton Auditorium zeigt.

Das Bild mag vielleicht seine damalige Verfassung widerspiegeln: Die späten 1970er Jahre waren eine schwere Zeit für Glenn Gould. Nach dem Tod seiner Mutter im Jahr 1975 war er in eine tiefe Depression gestürzt. Wenig später begann ihm das Spielen schwer zu fallen. Obwohl Gould selbst es für »durchaus möglich, ja wahrscheinlich« hielt, dass viele seiner Probleme psychische Ursachen hatten, waren seine Beschwerden durchaus real, und er

Die erste Seite der Lobrede Goulds auf seine Mutter, geschrieben auf dem Briefpapier des Four Seasons Hotels in Toronto, das gegenüber des ursprünglichen CBC-Gebäudes in der Jarvis Street lag.

machte über ein Jahr lang keine Aufnahmen. Als man bei ihm Bluthochdruck feststellte, wurden seine Ängste noch schlimmer. Er fing an, über seine Symptome genauestens Buch zu führen und maß sich bis zu viermal stündlich den Blutdruck. Zu den Schlaftabletten, dem Valium und den anderen Beruhigungsmitteln, die er seit Jahrzehnten regelmäßig einnahm, kamen nun noch Blutdruckmedikamente hinzu. Seine schon immer ausgeprägte Hypochondrie verstärkte sich merklich, doch gab es einige beunruhigende Anzeichen, dass er tatsächlich nicht gesund war.

1980 feierte Gould seine fünfundzwanzigjährige Zusammenarbeit mit Columbia Records, die damals Columbia Masterworks hießen und bald zu Sony Classical wurden. Anlässlich dieses Jubiläums brachte Columbia ein Doppelalbum mit dem Titel *The Glenn Gould Silver Jubilee Album* heraus. Eine der beiden Platten enthielt bis dato unveröffentlichte Interpretationen von Werken Aleksandr Skrjabins, Richard Strauss', Carl Philipp Emanuel Bachs und Domenico Scarlattis. Die meiste Aufmerksamkeit erregte die zweite Platte: *A Glenn Gould Fantasy* war die erste Aufnahme eines Gould'schen »Dokudramas«, die in den Handel kam. Das Stück präsentierte den Pianisten in verschiedenen Rollen, etwa als Sir Nigel Twitt-Thornwaite, einen aufgeblasenen englischen Musikwissenschaftler, Karlheinz Klopweisser, einen theorietrunkenen deutschen Avantgardekomponisten und Theodore Slutz, einen zugekifften Kulturjournalisten der Zeitschrift *The New York Village Grass Is Greener*. Der letzte, mit *A Hysteric Return* betitelte Teil des Programms, in dem Gould irgendwo im eisigen Norden von bellenden Robben begleitet Ravels *La Valse* spielt, ist ein kleiner Klassiker des Surrealismus.

Ich lernte Gould im Herbst dieses Jahres kennen, als er mir für die Kunstzeitschrift *Soho News*, für die ich als Musikkritiker arbeitete, ein Interview gewährte. Ich hatte auf ein Rundschreiben reagiert, in dem Susan Koscis, die PR-Managerin von CBS Masterworks, mitgeteilt hatte, Gould wäre

Margnet's Lied
oder
Die Frage für die Geschworenenliste

So if one of you gen-tle-men would like to lead off with a ques-tion for me — well then —

oh, well, per-haps we should have a lit-tle mu-sic first just to

get the in-ter-ro-ga-to-ry juices going and I can think of no more like-ly to ease us all etc. etc. (to be conti.)

Karlheinz Klopweisse
München July 80

bereit, denjenigen Journalisten, deren (ihm zuvor vorgelegte) Fragen ihn interessierten, am Telefon Rede und Antwort zu stehen. Ich vermied also die übliche Litanei von Erkundigungen über seine bekannten Marotten, die mich eigentlich ohnehin nie besonders gereizt hatten, und konzentrierte mich stattdessen auf seine Radioarbeiten, die Begeisterung, die er für den Norden empfand, und seine Liebe zu Sibelius und Strauss.

Die *Soho News* hatten eine kleine Auflage, und ich rechnete mir keine Chancen auf ein Interview aus, doch Gould sagte zu, und eines Samstagabends unterhielten wir uns zwei Stunden lang am Telefon. (Das Gespräch erschien später in *The Glenn Gould Reader*, einer von mir herausgegebenen Sammlung von Texten.) Leider wurden die *Soho News* damals von einer besonders scharfen Kunstredakteurin geführt. Sie erklärte sich zwar bereit, Gould auf dem Cover zu bringen, erfand aber eine Schlagzeile, die ihn als »Pianisten und Spinner« titulierte.

Als Spinner! Ich war entsetzt und hinterließ, überzeugt, dass damit meine Verbindung zu Gould beendet wäre, auf seinem Anrufbeantworter eine nachdrückliche Entschuldigung. Er rief mich nach ein paar Minuten zurück, sagte mir, dass er die Fallen des Journalismus verstehe und dass ihm der Artikel gefalle. Von da an waren wir Freunde – so einfach war das! –, er rief mich, meist spätabends, an, und wir sprachen dann stundenlang.

Gespräche zu führen gehörte zu den Dingen, die Gould am meisten Freude machten. Er war ein wunderbarer Imitator und ein begnadeter Erzähler, der es verstand, über eine Stunde bei einer Geschichte zu bleiben und diese bis ins kleinste Detail auszuschmücken. Er war witzig, liebenswürdig, energisch und ungemein interessiert und brachte jedem Menschen, dessen Gesellschaft er genoss, ob nun am Telefon oder sonst wo, eine spontane Kameradschaft entgegen. Eines Abends rief er mich an und sang mir von vorne bis hinten die Rhapsodie in g-Moll von Brahms vor, um mir etwas über das Verhältnis der Tempi in den Noten zu verdeutlichen, was mir auch danach noch unklar blieb. Bei einer anderen Gelegenheit las er mir nachts mehrere Seiten aus dem Roman *The Wars* von Timothy Findley vor; er hatte für die ernste und schöne Verfilmung die Musik geliefert. Und einmal hatte ihn ein Artikel über minimalistische Musik beeindruckt, den ich für *High Fidelity* geschrieben hatte, und er sang ein improvisiertes »minimalistisches« Lied auf meinen Anrufbeantworter. (Er war von minimalistischer Musik fas-

Ein für die CBC-Sprecherin Margaret Pascu von »Karlheinz Klopweisser« geschriebenes Lied – so der Name einer der vielen Identitäten Goulds.

ziniert, auch wenn er sie verabscheute.) Ich hatte immer angenommen, dass ich Gould nie leibhaftig kennen lernen würde, und hatte mich damit abgefunden. Er hielt persönliche Begegnungen für im Großen und Ganzen überflüssig und behauptete, den Kern des Denkens und der Persönlichkeit eines Menschen am Telefon besser erfassen zu können. (Seine monatlichen Telefonrechnungen beliefen sich auf vierstellige Summen.) Eines Abends fragte ich ihn dennoch, ob ich ihn in Toronto besuchen dürfte; einige Redakteure einer neuen Zeitschrift namens *Vanity Fair* hatten ihr Interesse an einer Geschichte bekundet. Zu meinem Erstaunen gefiel Gould die Idee, und er schlug sogar ein Projekt vor, das wir gemeinsam in Angriff nehmen könnten: ein Radiointerview über seine gerade abgeschlossene Neueinspielung der *Goldberg-Variationen*.

Er mochte die frühere Version inzwischen nicht mehr und sprach lautstark von »der am meisten überschätzten Klavieraufnahme aller Zeiten«. Ganz besonders missfiel ihm seine Interpretation der erstaunlichen 25. Variation, die er, so fand er, wie »ein Nocturne von Chopin« gespielt habe. »Die Variation trägt das Herz auf der Zunge«, sagte Gould. »Als ob sie sagen würde: ›Aufgepasst bitte!‹ Es ist eine Tragödie. Sie hat einfach nicht die Würde, ihr Leid mit einem Anflug stiller Resignation zu tragen.« Die Neueinspielung war viel nüchterner und introspektiver, das Tempo in den meisten Fällen zurückgenommen; rückblickend besitzt sie die tiefe, schreckliche Bedeutung einer Bilanz. (Der Film, den die französische Produktionsfirma Clasart von der Aufnahme gemacht hat, ist für mich eine der gelungensten Begegnungen von Musik und Bild, die ich kenne.)

Ich tauchte also am 20. August 1982 im Inn on the Park auf und lernte endlich Glenn Gould leibhaftig kennen. Ich war entsetzt, wie er aussah: Zerknittert, gedrungen, mit schütterem Haar und einer an gebleichtes Pergament erinnernden Haut wirkte er viel älter als neunundvierzig und erweckte den Eindruck eines müden Gastes, der sich anschickte, sich seines verbrauchten Körpers zu entledigen. Aber dann, nachdem er mir sanft die Hand geschüttelt und wir Platz genommen hatten, um uns zu unterhalten und seine letzten Aufnahmen anzuhören, strahlte er eine ungeheure Neugier aus und legte einen schelmischen Humor an den Tag. als wäre er der älteste Lausbub der Welt.

Wir arbeiteten die ganze Nacht an dem Interview. Gegen sechs Uhr früh waren wir fertig. und ich entschuldigte mich für einen Augenblick. Als ich zurückkam. saß Glenn an einem Yamaha-Stutzflügel und spielte aus seinen Klavierbearbeitungen der Opern von Richard Strauss. Ich war völlig erschöpft und erinnere mich. endlich begriffen zu haben, was es heißt. zum Umfallen müde zu sein. war jedoch noch so weit bei Sinnen. dass ich mich zusammenreißen und zuhören konnte. Glenn Gould spielte für mich Klavier! Der Yamaha-Flügel wurde zu einem kleinen Orchester. und dichte kontrapunktische Linien von durchscheinender Klarheit und perfektem Umriss hallten durch den leeren Raum. Nach ausgiebigen *Elektra*- und *Capriccio*-Kostproben begann er einen Teil der *Goldberg-Variationen* zu spielen. brach jedoch nach ein paar Takten ab und erklärte. es sei ihm unmöglich. sich ohne seinen alten ramponierten Klappstuhl barocker Musik zu widmen. Also wandte er sich dem zweiten Satz von Beethovens 2. Klavierkonzert zu. sang mit, begann, sobald er eine Hand frei hatte, zu dirigieren und versank völlig in der Freude. Musik zu machen. Diese Erinnerung ist einer der Gründe dafür, dass mir die gängige Vorstellung von dem gehetzten Neurotiker. der in edler Schwermut und mit dem ewigen Feuer des Genies in den Augen unglücklich und missverstanden durchs Leben geht. immer nur teilweise zutreffend erschien. Ich weiß noch. wie ich zum ersten Mal *Thirty-two Short Films about Glenn Gould* sah: Zwar gefiel mir vieles und ich konnte den Absichten des Filmemachers in jeder Hinsicht Beifall zollen. doch kam mir alles so feierlich und ehrerbietig vor. dass ich nicht anders konnte. als mir immer wieder Goulds ausgelassenes, kindliches und selbstironisches Lachen zu vergegenwärtigen – jenes Lachen, mit dem er wahrscheinlich alle späteren Versuche beantwortet hätte, ihn als »heiligen Glenn« darzustellen.

Ich habe schöne Erinnerungen an Glenn Gould: Er war immer ungeheuer lustig. voller Scherze und Anspielungen. aber davon vermittelt *Thirty-Two Short Films* kaum etwas. Gäbe es eine Möglichkeit. das Porträt mit etwas Albern-Genialem wie einer Monty-Python-Episode zu kreuzen. würde das vielleicht ein runderes Bild des Künstlers ergeben. Es muss jedenfalls sehr schwer gewesen sein. Glenn Gould zu sein. Seine grundsätzliche Einsamkeit war überwältigend. Er lebte für sich. wollte in seinen freundschaftlichen

Cover von Goulds zweiter Aufnahme der *Goldberg-Variationen*. die im September 1982. kurz vor seinem Tod. herauskam.

Beziehungen alles unter Kontrolle behalten und hatte, soweit man weiß, nur einige wenige und flüchtige Romanzen mit Frauen, die für ihn letztlich nicht zu haben waren. In späteren Jahren scheint er überhaupt kein Liebesleben gehabt zu haben. »Bei mir klappt es mit klösterlicher Abgeschiedenheit«, sagte er ohne merklichen Kummer.

Verschiedentlich hat man behauptet, bei Gould seien Anzeichen des Asperger-Syndroms festzustellen gewesen, einer Form des schweren Autismus, unter der auch so unterschiedliche Genies wie – um nur einige zu nennen – George Fox, Ludwig van Beethoven, Ludwig Wittgenstein, Jascha Heifetz und Howard Hughes gelitten haben könnten. Gould hatte mit diesen Männern viel gemein: die vollkommene Selbstdisziplin, das fotografische Gedächtnis, die ausgeprägte Vorliebe für feste Abläufe, das große Unbehagen, das er meist in Gesellschaft anderer empfand, die Neigung zur Abgeschiedenheit, der unerschütterliche Eigensinn in manchen Bereichen und eine generelle unbezwingbare Angst, die oft an Panik grenzte.

Die Krankheit hat allerdings auch ihre versöhnlichen Seiten. Manche Menschen, die unter dem Asperger-Syndrom leiden, sind mit einer solchen Konzentrationsfähigkeit begabt, dass sie zu außerordentlichen Leistungen imstande sind. Man denke an Samuel Johnson (vermutlich ebenfalls ein »Asperger«), der im Obergeschoss eines Hauses in der Londoner Fleet Street ganz allein sein beispielloses *Dictionary of the English Language* zusammenstellte. Oder an Paul Morphy und Bobby Fischer, die mit verbundenen Augen mehrere Partien Schach gleichzeitig spielten und alle gewannen. Oder eben an Glenn Gould.

Das Erbe, das er uns hinterlassen hat, ist groß: Aufnahmen im Umfang von mehr als fünfzig Stunden sind im Handel erhältlich (neben den gelegentlichen Mitschnitten der Livekonzerte), Radio- und Fernsehsendungen, die Musik für die beiden Filme *Slaughterhouse-Five* (1972) und *The Wars* (1982) und einige der frischesten und unerschrockensten Musikkritiken des späten 20. Jahrhunderts.

Aber da wäre noch viel mehr gekommen. Gould hatte bereits eine neue Karriere als Dirigent begonnen (seine Interpretation des *Siegfried-Idyll* von Richard Wagner mit einem von ihm zusammengestellten Orchester aus dem Jahr 1982 hat etwas wundervoll Zartes, und er hatte vor, mit Strauss' *Metamorphosen* und Beethovens 2. Klavierkonzert mit dem jungen begab-

Pressemitteilung des Toronto General Hospital, in der Goulds Tod am 4. Oktober 1982 bekannt gegeben wird.

ten Jon Klibonoff als Solisten fortzufahren. Vielleicht hätten einige neue Kompositionen das umfangreiche Streichquartett op. 1 ergänzt, das aus den frühen 1920er Jahren stammte und in dem Gould sich lange, bevor der Begriff in Mode kam, als überzeugter »Neoromantiker« zeigte. Dem Produzenten John P. L. Roberts zufolge, der ihn sehr gut kannte, hatte Gould »die nächsten zwanzig Jahre seines Lebens schon genau geplant«.

Doch es sollte nicht sein. Am 27. September 1982 ließ ihn gegen zwei Uhr mittags sein großartiges Gehirn im Stich. Als er in seinem Zimmer im Inn on the Park in Panik aus dem Schlaf hochfuhr, erkannte er sofort, dass sein Zustand kritisch war. Sein Freud und Berater Ray Roberts brachte ihn umgehend ins Toronto General Hospital, wo ein schwerer Schlaganfall diagnostiziert wurde. Kurzzeitig kam Gould noch mal zu Kräften, fiel dann aber in ein Koma, aus dem er nicht mehr erwachte. Am Morgen des 4. Oktober wurde die Herz-Lungen-Maschine abgeschaltet.

Überall auf der Welt brachten die Zeitungen auf ihren Titelseiten die Nachricht von Goulds Tod, und beim Gedenkgottesdienst war die anglikanische Kirche St. Paul völlig überfüllt. Gould wurde auf dem Mount Pleasant Cemetery beigesetzt, der nicht weit vom Zentrum Torontos entfernt an der endlosen Yonge Street liegt, dort, wo sie gen Norden in die »karge und zugleich großartige Schönheit« führt, die er so sehr liebte und in seinem Werk widerspiegelte.

»Der Zweck der Kunst ist nicht die Auslösung einer kurzzeitigen Adrenalinausschüttung, sondern vielmehr die allmähliche, ein Leben lang dauernde Schaffung eines Zustandes des Staunens und der Heiterkeit«, schrieb Gould 1962. In seinen Aufnahmen, Filmen, Schriften – und den Fotografien dieses Bandes – wird diese Kunst auf ewig Bestand haben und fortwirken.

OUVERTÜRE

Seite 42 Glenn im Alter von acht Monaten. Der Junge hatte viele Hunde. Buddy, rechts im Bild, war sein erster.

GANZ LINKS Glenn im Alter von vier Monaten mit seiner Mutter Florence Gould. »Als Flora schwanger war, spielte sie die verschiedensten klassischen Stücke, weil sie sich nichts mehr wünschte als ein musikalisches Kind und selbst so musikalisch war.« (Bert Gould)
LINKS Im Alter von elf Monaten mit seinem Vater Bert Gould hinter dem Haus am Southwood Drive im Beaches-Viertel von Toronto.
GEGENÜBERLIEGENDE SEITE Im Garten des Hauses der Familie. Der Kleine sieht die Welt bereits anders.
UMSEITIG Glenn im Alter von sieben Monaten mit Gartenzwerg und Zierstorch.

44

»Wenn Glenn lange geübt hatte, legte er seinen Kopf auf die Knie seiner Mutter und wollte getätschelt werden wie ein Hund. Die Berührung war die Belohnung für einen guten Tag und stillte sein großes Bedürfnis nach Liebe und Anerkennung.« JESSIE GREIG

Im Alter von etwa zwei Jahren mit seiner Mutter. Florence Gould (geborene Greig) behauptete, eine entfernte Verwandte des Komponisten Edvard Grieg zu sein. Sie unterrichtete viele Jahre lang in Toronto Stimmbildung und widmete ihre Talente vor allem der Kirchenmusik. Glenn Gould schrieb später einmal über seine Mutter: »Florence Gould war eine Frau mit einem ungeheuren Glauben, und diesen Glauben wollte sie, wo immer sie war, anderen einflößen.«

LINKS Glenn auf einem Pfeiler für ein Vogelbad, hinter ihm sein Vater.
GEGENÜBERLIEGENDE SEITE Hinter dem Haus am Southwood Drive. Russell Herbert (Bert) Gould war ein erfolgreicher Kürschner und ein eifriger Kirchgänger, der auch ein gewisses musikalisches Talent hatte: Er sang im Kirchenchor und hatte früher Geige gespielt. Als Glenn fünf war, sagte er zu seinem Vater: »Ich werde Konzertpianist.«

Mit Thomas und Alma Gould, seinen Großeltern väterlicherseits, im Alter von etwa acht Monaten (GANZ LINKS) und als Jugendlicher (LINKS).
GEGENÜBERLIEGENDE SEITE Mit Mary Catherine Greig, seiner Großmutter mütterlicherseits. Florence Gould begann Glenn Musikunterricht zu geben, als er drei war, und blieb bis zu seinem zehnten Lebensjahr seine Lehrerin.

Glenn spielt im Wasser. Die Familie besaß am Simcoesee, in der Nähe von Uptergrove, etwa 100 Kilometer nördlich von Toronto, ein Häuschen.

Porträt des Künstlers als kleiner Schelm.

In Uptergrove mit Freunden und Familie. GEGENÜBERLIEGENDE SEITE Florence Gould stehend und Großmutter Mary Catherine Greig links sitzend. OBEN Glenns erstes Boot. Florence Gould am Bug sitzend. Es war ein 15-Fuß-Skiff aus Zedernholz mit einem Elektromotor, das Glenn mithilfe eines Lenkrades im Bug steuerte. »Am glücklichsten war Glenn, wenn er mit seinem Boot und seinem Hund im Wasser war.« (Bert Gould)

UMSEITIG Während des Zweiten Weltkriegs in der Williamson Road Public School. Glenn Gould links außen, Dritter von links. Glenn hatte eine schwere Schulzeit. Er fehlte oft, teils aus gesundheitlichen Gründen, teils weil er so viel Zeit am Klavier verbrachte. Die Kinder aus der Nachbarschaft hatten es auf ihn abgesehen; es gibt Geschichten, wonach er jeden Tag verprügelt worden sein soll. Dem Betroffenen zufolge war das allerdings übertrieben: »Ich wurde nur jeden zweiten Tag in die Mangel genommen.«

Mit Freunden. OBEN Auf einer Farm in der Nähe des Hauses der Goulds. LINKS Zwischen zwei Krocket-Spielkameraden.

LINKS Am Pier vor dem Haus. Glenn erinnerte sich daran, mit der Familie eines Nachbarn fischen gegangen und auf den ersten Fisch, den er fing, ganz stolz gewesen zu sein. Als er mitbekam, dass sein toller Fang sterben würde, wollte er ihn wieder ins Wasser werfen: »Die anderen haben mich ausgelacht. Aber je mehr sie lachten, desto mehr schrie ich, und schließlich habe ich die Angelpartie mit einem Kreischanfall beendet. Seit damals bin ich ein militanter Gegner der Fischerei.« RECHTS Glenn gibt nach einem Sturz auf dem Simcoesee den Kasper.

Sommeridyllen. LINKS Mit seinem geliebten Hund Nick. RECHTS Mit Nick und einer Freundin auf einem Boot. GEGENÜBERLIEGENDE SEITE Beim Krocket mit seiner Mutter. Das Haus am See war seit Glenns früher Kindheit ein wichtiger Bestandteil seines Lebens. Später wurde es zu einer »Zufluchtsstätte und einem Ort der geistigen Gesundheit, ... wo [er] ganz für sich allein und am einfachsten er selbst sein konnte«. (Angela Addison)

Porträt mit Nick, seinem englischen Setter, 1942.

Ein Jahr später mit Nick vor dem Haus am Southwood Drive. Glenn liebte Tiere aller Art: »Ich hatte Kaninchen, Schildkröten, Fische, Vögel, Hunde und ein nicht mit Deodorant behandeltes Stinktier.« Wenn Glenn Klavier übte, saß Nick oft an seiner Seite. Der Hund war einer der liebsten Gefährten des Jungen und bekam von ihm den vornehmen Titel Sir Nickolson of Garelocheed verliehen.

Beim Krocketspiel mit seinem Klavierlehrer Alberto Guerrero im Alter von etwa elf Jahren. Guerrero, der Glenn mit zehn zu unterrichten begann, stammte aus Chile und war nicht nur ein gefeierter Konzertpianist, sondern auch der Dirigent des ersten Symphonieorchesters von Santiago. Er war 1919 nach Kanada gekommen und wurde mit Mitte fünfzig Goulds Lehrer. Gould meinte später, dass der Unterricht bei Guerrero »im Wesentlichen eine Argumentationsübung war, bei der es darum ging, meinen Standpunkt zu einem bestimmten Thema seinem gegenüber auf den Punkt zu bringen«. Es waren freilich nicht bloß verbale Gefechte. Guerrero hatte für Glenn ein kompliziertes System von Fingerübungen ersonnen und drückte die Schultern des Jungen nach unten, wenn dieser spielte – und Glenn drückte dagegen. Der Lehrer war natürlich der Stärkere.

Am Steuer seines Bootes, mit Guerrero als Passagier.

Im Alter von elf Jahren mit seinem Lehrer.

»Seine Mutter, die in frühen Jahren seine einzige Lehrerin war, erwies sich im Umgang mit ihm als wunderbar weise und verstand es, eine Atmosphäre zu schaffen, die seinen Bedürfnissen am meisten entsprach. Er bekam jede Möglichkeit, die beste Musik zu hören, die Toronto zu bieten hatte. Glenn wurde nie ausgenutzt, nie nach vorn geschoben und durfte sich in musikalischen Kreisen bewegen, sobald er sich dazu bereit fühlte.«

JESSIE GREIG

OBEN LINKS Das kleine Wunderkind beim Üben eines Weihnachtsliedes im Alter von sechs oder sieben Jahren. OBEN RECHTS Im Alter von zwölf Jahren mit Mozart, dem Wellensittich, und Nick. GEGENÜBERLIEGENDE SEITE Ein Porträt aus dem Jahr zuvor.

Lesend in der Nähe des Landhauses der Familie – wie immer auch auf den Eindruck bedacht, den er vermittelte. GEGENÜBERLIEGENDE SEITE Im Alter von dreizehn Jahren. Um etwa diese Zeit hatte Glenn eine Offenbarung von der Macht der Vorstellungskraft. Er übte Klavier, und in seiner Nähe ertönte der Lärm eines Staubsaugers. »bei den leiseren Passagen [einer Mozart-Fuge, die ich spielte,] konnte ich eine taktile Beziehung zu den Tasten spüren … und konnte mir vorstellen, was ich tat, es aber nicht wirklich hören.« Glenn kam zu dem Schluss, ein Künstler müsse alles, was er beigebracht bekommen habe, vor dem »weiten Hintergrund ungeheurer Möglichkeiten« immer wieder neu beurteilen.

UNTEN Gerade vierzehn geworden schloss Glenn (letzte Reihe, Dritter von links) im Oktober 1946 seine Ausbildung am Toronto Conservatory of Music ab. Er hatte bereits einige öffentliche Konzerte bei Kiwani-Musikfesten, in der Kirche und in seiner High School, dem Malvern Collegiate, gegeben. Er begann bekannt zu werden, auch in England (RECHTS).

FIFTY-THIRD SEASON — 1946-1947

MASSEY HALL
TRUSTEES:
J. S. McLean, Esq., Chairman
The Right Hon. Vincent Massey   F. R. MacKelcan, Esq., K.C.
His Worship Mayor Saunders
G. Ross Creelman, Director

TUESDAY AND WEDNESDAY, JANUARY 14th and 15th, 1947

The Toronto Symphony Orchestra

Guest Conductor: BERNARD HEINZE
Guest Artist: GLENN GOULD, Pianist

Secondary School Concert

PROGRAMME

GOD SAVE THE KING

"ADVANCE AUSTRALIA FAIR" (To be sung by the audience)

Australia's sons let us rejoice,
For we are young and free;
We've golden soil and wealth for toil,
Our home is girt by sea:
Our land abounds in nature's gifts
Of beauty rich and rare;
In hist'ry's page, let ev'ry stage
Advance Australia fair.
In joyful strains then let us sing Advance Australia fair.

Should foreign foe e'er sight our coast,
Or dare a foot to land,
We'll rouse to arms like sires of yore,
To guard our native strand;
Britannia then shall surely know,
Beyond wide ocean's roll,
Her sons in fair Australia's land
Still keep a British soul.

STEINWAY PIANO

MASSEY HALL, TUESDAY AND WEDNESDAY, JANUARY 14th and 15th

OVERTURE, "FLYING DUTCHMAN" - - - - *Wagner*

CONCERTO IN G MAJOR, No. 4, OP. 58,
FOR PIANOFORTE AND ORCHESTRA - - *Beethoven*

Allegro moderato
Andante con moto
Rondo: Vivace
GLENN GOULD, *Pianist*

INTERMISSION

"NUTCRACKER" SUITE - - - - *Tchaikovsky*

1. Miniature Overture   5. Arabian Dance
2. March   6. Chinese Dance
3. Dance of the Sugar Plum Fairy 7. Dance of the Flutes
4. Russian Dance (Trepak)   8. Waltz of the Flowers

INTERMEZZO — THE WALK TO THE PARADISE GARDEN, FROM
"A VILLAGE ROMEO AND JULIET" - - - *Delius*

DANCE AND POLKA, FROM "THE AGE OF GOLD" - *Shostakovich*

"BOLERO" - - - - - - - - *Ravel*

Next Secondary School Concerts
TUESDAY and WEDNESDAY, FEBRUARY 11, 12

ETTORE MAZZOLENI, Conducting

Guest Artist: **JOSEPH PACH**, Violinist

PROGRAMME	
Suite	*Purcell-Barbirolli*
Paris (Song of a Great City)	*Delius*
Overture, "Cockaigne" (In London Town)	*Elgar*
INTERMISSION	
Concerto for Violin and Orchestra	*Tchaikovsky*
Divertissement	*Ibert*

**Tickets for Single Concert Available to Students
on Evening of Concert at 40c Each**

1947 debütierte Glenn Gould vom Toronto Symphony Orchestra begleitet als Solist mit Beethovens
4. Klavierkonzert. Die Schlagzeilen der Zeitungen von Toronto waren sich einig: »Eine meister-
hafte Beethoven-Interpretation« *(Toronto Telegram)*. »Gould zeigt immer mehr künstlerisches
Können« *(Globe and Mail)*. Der Durchbruch ließ nicht mehr lange auf sich warten.

IM STURM

SEITE 74 Glenn Gould legt los – mit einer Tänzerin auf der Bühne des Festivals von Stratford, Ontario, vermutlich 1962.

Im Konzertsaal des Konservatoriums von Toronto, 1956. In den frühen 1950er Jahren hatte Gould Westkanada bereist und Klavierabende und Konzerte mit dem Vancouver Symphony Orchestra gegeben. Er war der erste Pianist, der, 1952, in einer Fernsehsendung der CBC auftrat. 1954 spielte er mit dem Montreal Symphony Orchestra. Im Januar 1955 gab er nur eine Woche nach seinem ersten USA-Auftritt in Washington, D. C., sein triumphales Debüt in New York. »Der Klavierabend begann mit einem ganz langsamen Stück [der Fantasia von Sweelinck]«, erinnert sich David Oppenheim von Columbia Records. Gould »schuf eine derart religiöse Atmosphäre, dass jeder gebannt war. Er brauchte nur fünf oder sechs Noten, um diese Atmosphäre durch die Magie des präzisen Rhythmus und die Kontrolle der inneren Stimmen entstehen zu lassen.«

»Auf einmal ist da ein Klang, der einem völlig neu ist ... knöchern und straff ... äußerst rhythmisch, rein, durchsichtig. Dieser dürre, hagere Typ aus Kanada sieht aus, als ob er das Zeitliche segnen würde, noch bevor er die Bühne erreicht, so blass ist er ... Er sitzt ganz tief, fast am Boden, und singt beim Spielen. Man hat so etwas noch nicht [gehört] und fragt sich, von welchem Stern er wohl kommt.«

PETER ELYAKIM TAUSSIG

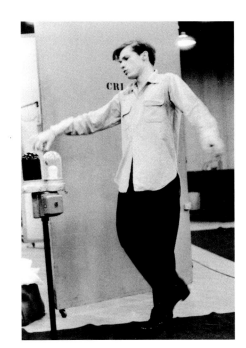 

Bei der Einspielung der *Goldberg-Variationen* im New Yorker Columbia-Studio, 1955.

»Die *Goldberg-Variationen* sind ein Werk, das weder Ende noch Anfang hat, weder einen wirklichen Höhepunkt noch eine echte Auflösung ... Die Einheit entsteht durch intuitive Wahrnehmung, eine Einheit, die aus Geschick und intensiver Auseinandersetzung entspringt, durch Meisterschaft gereift ist und uns, was in der Kunst so selten geschieht, in Form einer Vision unbewussten, auf dem Höhepunkt des Könnens triumphierenden Gestaltens gegenübertritt.«

GLENN GOULD

Auf Tournee. GEGENÜBERLIEGENDE SEITE Autogrammstunde nach einem Konzert in Luzern im August 1959. Gould wirkt glücklich und entspannt. Er hatte mit dem Philharmonia Orchestra unter Herbert von Karajan das Konzert in d-Moll von Bach gespielt. OBEN RECHTS Bei der Probe des 2. Beethoven-Klavierkonzerts mit dem Toronto Symphony Orchestra unter Sir Ernest Mac-Millan in der Massey Hall im Mai 1956. MITTE RECHTS Glenn Gould schüttelt nach einem Konzert in Jerusalem im Dezember 1958 dem Konzertmeister des Israel Philharmonic Orchestra die Hand. UNTEN RECHTS Bei der Aufführung des 3. Beethoven-Klavierkonzerts mit dem Utah Symphony Orchestra in Salt Lake City im Februar 1959.

Gould behauptete, infolge von Guerreros Unterrichtsstil nur über die Tastatur gebeugt spielen zu können. Bert Gould sägte bei einem Holzklappstuhl mit hoher Lehne die Füße ab und schraubte etwa acht Zentimeter lange Schrauben an. So konnte Glenn den Stuhl auf die ihm angenehme Höhe einstellen. Er nahm den Stuhl überallhin mit. Als die Sitzfläche sich schließlich auflöste, benutzte Glenn Gould den Stuhl dennoch weiter und setzte sich auf den leeren Rahmen.

Bei einer Orchesterprobe in den späten
1950er Jahren.

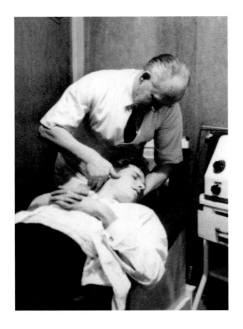 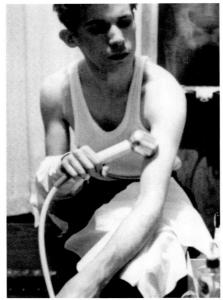

Die Mühen des Pianisten. Glenn hatte immer mit gesundheitlichen Problemen zu kämpfen. Er konsultierte zahlreiche Ärzte, Physiotherapeuten und Chiropraktiker. Sein Medikamentenkonsum war legendär. »Ich habe Kreislauftabletten, Tabletten gegen Erkältungen, Vitamintabletten und noch ein paar andere Sachen dabei, wenn ich auf Reisen gehe ... Aber man hat diese Medikamentengeschichte sehr übertrieben ... Ein Reporter hat einmal geschrieben, dass ich mit einem Koffer von Tabletten unterwegs sei. In Wirklichkeit sind es nicht einmal eine Aktentasche voll.« Bevor Gould spielte, badete er seine Arme in heißem Wasser, um Verspannungen zu lösen.

Umschlag des Programms für Glenn Goulds erstes Konzert in Russland, am 7. Mai 1957 in Moskau. Die Auftritte in der Sowjetunion standen am Beginn seiner ersten Europa-Tournee und gerieten zu einem uneingeschränkten Triumph. Gould spielte in Moskau und Leningrad, gab Konzerte mit den Moskauer und Leningrader Philharmonikern und hielt am Moskauer und Leningrader Konservatorium Vorlesungen vor Studenten.

OBEN Gould mit einer Dolmetscherin, die Fragen aus dem Publikum übersetzt, im Leningrader Konservatorium, wo Gould vor Studenten und Professoren spielte und sprach. RECHTS Nach dem Konzert umlagert von dem begeisterten Publikum. Gould wurde ein »unglaublicher Empfang« zuteil, schrieb ein kanadischer Regierungsbeamter, der eines der Konzerte besucht hatte. Das Publikum würdigte Goulds Vortrag mit einem stakkatoartigen, betäubenden Applaus. Gould spielte Werke von Komponisten des 20. Jahrhunderts, die man in der Sowjetunion nur selten zu hören bekam: Berg, Schönberg, Hindemith. RECHTS UNTEN Nach einem Konzert in Moskau mit Swjatoslaw Richter (rechts im Bild), einem Pianisten, den Gould auf dieser Tournee zum ersten Mal spielen hörte. Gould bezeichnete Richter als »einen der beeindruckensten Vermittler, den die Musikwelt unserer Tage hervorgebracht hat«.

UMSEITIG Gould nach einem Konzert in Moskau.

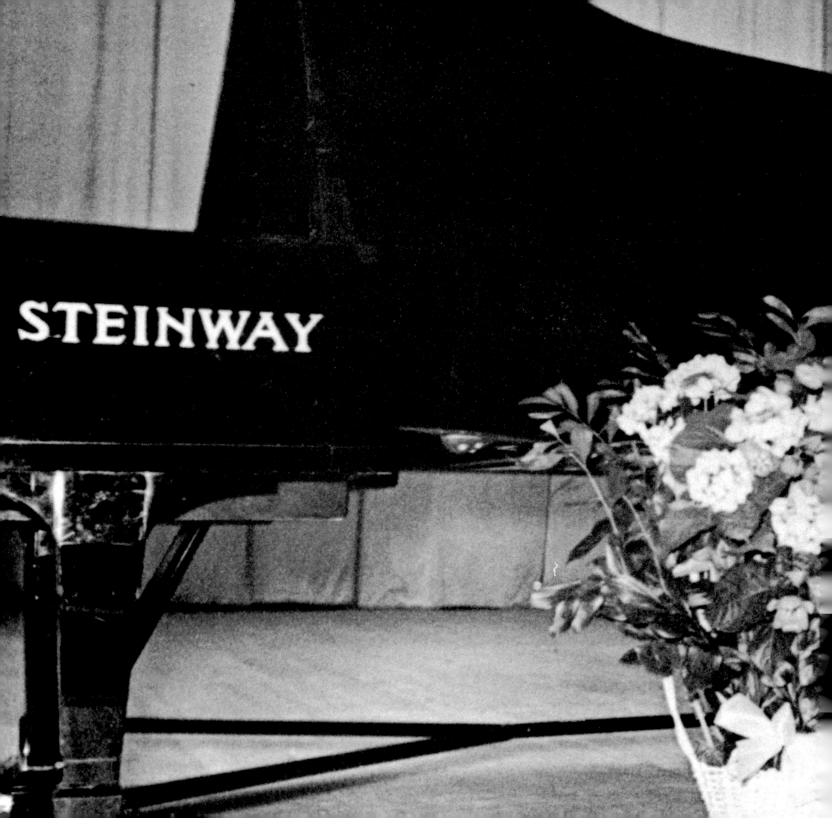

Eine Pianistenpersönlichkeit nimmt Konturen an. Bei den Proben mit dem Utah Symphony Orchestra legt Gould bereits einige charakteristische Eigenheiten an den Tag: Er spielt tief über die Tasten gebeugt, hat die Beine übereinander geschlagen, lauscht den Orchesterpassagen mit geschlossenen Augen und trägt im Konzertsaal Schal und Handschuhe. »Das sind keine persönlichen Exzentrizitäten«, schrieb Gould. »Das sind schlicht und einfach die Berufsrisiken eines höchst subjektiven Geschäfts.«

UMSEITIG Gould an einem der vier Konzertflügel im New Yorker Studio von Columbia Records, 1957. Gould hatte die Klaviere aus dem Lager von Steinway ins Studio bringen lassen, um sie unter Aufnahmebedingungen zu testen.

95

1958 begleitete der Fotograf Don Hunstein Gould in das Steinway-Werk. »Glenn war auf der Suche nach dem idealen Anschlagmechanismus. Ich lief ihm, fotografisch gesprochen, hinterher, wie er da so fröhlich mit Fritz Steinway und mehreren Technikern im Schlepptau von einem Klavier zum anderen wechselte.« (Fritz Steinway ist auf der gegenüberliegenden Seite ganz rechts im Bild.)

Glenn Gould wollte immer Komponist werden und schrieb schon in seiner Jugend Stücke für Klarinette und Klavier. OBEN Im Landhaus über einem Notenblatt. GEGENÜBERLIEGENDE SEITE Bei der Arbeit an der Partitur für sein Streichquartett. Das Werk, das spätromantische Züge aufweist, wurde 1960 als Goulds Opus 1 aufgezeichnet.

»Es kommt mir so vor, als würde ich im 18. und 20. Jahrhundert spielen und im 19. Jahrhundert komponieren. Das muss psychoanalytisch von schwer wiegender Bedeutung sein, aber ich habe bisher noch kein Geld ausgegeben, um sie herauszufinden.«

GLENN GOULD

Glenn Gould in seinen zwanziger Jahren:
Porträts eines musikalischen Genies.

Zwischenspiele. OBEN Im Gespräch mit Freunden Ende der 1950er Jahre. Der Mann in der Mitte ist P. L. Roberts, der später viele der Radiodokumentationen Goulds produzierte. LINKS Mit seinem Collie Banquo. GEGENÜBERLIEGENDE SEITE Bei einem Spaziergang am Ufer des Simcoesees in den späten 1950er Jahren.

»Ob wohl jemals jemand zehn Finger hatte, von denen jeder ein derart wunderbares Eigenleben führte?«

TIM PAGE

1959 entstanden zwei dreißigminütige Dokumentationen für das National Film Board of Canada: *Glenn Gould: Off the Record* und *Glenn Gould: On the Record*. RECHTS Bei der Einspielung des Italienischen Konzerts von Bach im Studio von Columbia Records für *On the Record*. GEGENÜBERLIEGENDE SEITE Ein unbeschwerter Augenblick im Studio. Was Glenn oft vor seinen Exzentrizitäten bewahrte, war »sein wunderbarer Sinn für Humor«. (Robert Silverman)

Gould in Stratford. Bereits beim ersten Shakespeare-Festival in Stratford, Ontario, im Jahr 1953, war Musik ein wesentlicher Bestandteil des Programms. Gould war von Anfang an mit dabei: »Die Konzerte … gehörten in Stratford zu den kleinen Wundern, und trotz Garderobenräume, in die es hineinregnete, einer bemerkenswerten Feuchtigkeit, die sogar mich dazu veranlasste, in Hemdsärmeln zu spielen, einem elenden Instrument und null Organisation deutete sich bereits damals an, dass Musik irgendwie zu diesem Theater gehörte und hier vielleicht auf ganz besondere Art gedeihen könnte.« 1956 bat man Gould, für die neuen musikalischen Schwerpunkte des Festivals Mitverantwortung zu übernehmen. RECHTS UND GEGENÜBERLIEGENDE SEITE Gould bei einer Probe mit dem Orchester des Festivals im Juli 1956.

Gould trat bis 1964 in Stratford auf. OBEN Mit einer Tänzerin auf der Festivalbühne, 1962. RECHTS Bei einer Probe im Jahr 1960. GEGENÜBERLIEGENDE SEITE Verbeugung im Tweedmantel nach einem Bach-Konzert im Sommer 1960.

Gould nahm vor allem für ein Label Platten auf: Für Columbia (später Sony Classical) spielte er mehr als neunzig Platten ein. Hier sieht man ihn bei der Aufnahme von Beethovens 2. Klavierkonzert mit Leonard Bernstein im April 1957. Kurz zuvor hatte Gould das Konzert mit den New Yorker Philharmonikern unter Bernstein live gespielt. Bernstein sagte über Gould: »Er vermittelt mir ein völlig neues Interesse für Musik.« Später fügte er hinzu: »Er hatte einen Intellekt, gegen den anzutreten eine echte Herausforderung darstellte und von dem man etwas lernen konnte ... Ich hatte nie das Gefühl, dass er in irgendeiner Hinsicht jünger war als ich. Wir waren einander in jeder Hinsicht ebenbürtig.«

115

Bei der Aufnahme des 1. Beethoven-Klavierkonzerts mit dem Columbia Symphony Orchestra unter Vladimir Golschmann, April 1958.

»Ich freue mich jetzt seit zwei Tagen über unser 1. Beethoven-Konzert«, schrieb Gould an Golschmann. »Ich hoffe, Sie haben die Aufnahme gehört und sind ebenso stolz darauf wie ich. Von Anfang bis Ende ist da diese echte Lebensfreude. Normalerweise bin ich von neuen Aufnahmen früher oder später enttäuscht ... aber ich habe die Platte jetzt schon etwa sechs Mal gehört, und sie gefällt mir jedes Mal besser.«

Gould hört sich die Aufnahme der Haydn-Klaviersonate in Es-Dur (Hob. XVI/49) an. Januar 1958.

Bei der Einspielung des Schönberg-Klavierkonzerts in der Massey Hall von Toronto unter dem Dirigenten Robert Craft. Januar 1961. Dieses Erlebnis ließ Gould erstmals die Vorzüge von Aufnahmen im Vergleich zu Liveauftritten bewusst werden.

»[Der Produzent] erhielt einen Anruf und erfuhr, dass zwei Takte nach dem Buchstaben L ein Stück eingepasst werden musste … [Der Produzent] hatte die äußerst ungewöhnliche Fähigkeit, sich genau an den musikalischen Zusammenhang zu erinnern, für den das Stück bestimmt war … Diese Fähigkeit war mir noch bei keinem Künstler untergekommen, und ich dachte mir: ›Verflucht, das muss ich lernen.‹ Bei Aufnahmen geht es nämlich nur darum.«

GLENN GOULD

Eine ungewöhnliche Aufnahme vom Oktober 1961: *Enoch Arden* von Richard Strauss, die Vertonung der Verserzählung Lord Alfred Tennysons. Von Gould begleitet, las Claude Rains den Text. Die Frau des Sprechers, die bei der Aufnahme zugegen war, befürchtete, die beiden könnten sich gegenseitig ablenken, und bestand darauf, sie voneinander zu trennen und jeden durch mehrere Stellwände von dem anderen abzuschirmen.

122

In den Jahren 1960 und 1961 machte Gould fünf Fernsehfilme für die CBC, darunter auch die Dokumentation *Richard Strauss: A Personal View*. Begleitet wurde Gould beim ersten Satz der Violinsonate Strauss' von dem Geiger Oscar Shumsky und der Sopranistin Lois Marshall, die die Ophelia-Lieder sang. Gould war ein großer Bewunderer von Richard Strauss. Er rühmte dessen Capriccio als größte Oper des 20. Jahrhunderts und spielte den Orchesterpart der Ouvertüre und der letzten Szene des Werks aus dem Gedächtnis – es gab keine Transkription. Wenn der Fingersatz zu kompliziert wurde, sang Gould die betreffenden Takte.

Die Orgel hatte großen Einfluss auf Gould und prägte besonders seinen Zugang zum Klavier. Als Junge spielte er sonntagabends die Kirchenorgel. »Diese Augenblicke der Sonntagabendandacht wurden mir sehr wichtig. Sie bedeuteten, dass man eine gewisse Ruhe finden konnte – selbst in der Stadt, aber nur wenn man sich dafür entschied, nicht zu ihr zu gehören.«

»Ich gehe im Moment nicht viel in die Kirche ... aber ich spreche mir sehr oft diesen Satz vor, diesen Satz über den Frieden, den die Erde einem nicht geben kann, und das ist ein großer Trost für mich.«

GLENN GOULD

Glenn Gould on Bach GEGENÜBERLIEGENDE SEITE Glenn Gould begann die Sendung mit Bachs Es-Dur-Fuge (BWV 552) auf der Orgel. OBEN LINKS Gould dirigiert von einem (nicht seinem) Klavier aus. Das Klavier bezeichnete er als »neurotisches Instrument, das sich für ein Cembalo hält«. OBEN MITTE Gould dirigiert eine Bach-Kantate: im Vordergrund der Countertenor Russell Oberlin, der den Solopart singt. »Für Bach war der kontrapunktische Stil ... eine Form, in der er das Leben des Geistes musikalisch definieren konnte. Er hielt ein Gefüge, das viele unterschiedliche Elemente zusammenbrachte und zu einer Einheit verband, am geeignetsten dafür, Gott zu preisen.« (Glenn Gould)

»Das Großartige an der Musik Johann Sebastian Bachs ist, dass sie ... alle dogmatischen Fronten der Kunst hinter sich lässt ... , all diese ebenso frivolen wie kraftlosen ästhetischen Vorurteile. Sie führt uns das Beispiel eines Menschen vor, der seine Zeit bereicherte, indem er nicht in ihr lebte. Die höchste Einsicht ist die, ... dass der Mensch sich seine eigene zeitliche Synthese schaffen kann, ohne zu den von der Zeit auferlegten Anpassungen gezwungen zu werden ... .«

GLENN GOULD

Bei der Aufnahme der Bach-Partiten im März 1963 in New York.

NEUE HORIZONTE

Seite 132 Porträt, April 1974.

Im April 1964 gab Gould in Los Angeles sein letztes öffentliches Konzert. Als er im Juni des Jahres von der Universität von Toronto die Ehrendoktorwürde verliehen bekam, sprach er sich in seiner Rede für Studio-Aufnahmen von Musik im elektronischen Zeitalter aus: »Ich bin fest davon überzeugt, dass Konzerte das 20. Jahrhundert ... wohl kaum überleben werden ... [Sie] werden so ausschließlich aufgrund ihres musealen Gehalts gepflegt, dass man sie, wie wertvoll sie auch sein mögen, im Vergleich zu den entscheidenden Entwicklungen, die heute in der Kunst stattfinden, nicht mehr sehr ernst nehmen kann ... Der Schlüssel zur Zukunft ist das Verhältnis zwischen der Musik und den verschiedenen Medien der elektronischen Kommunikation, und das nicht nur hinsichtlich der Art, in der Musik vorkommen und man sich mit ihr auseinandersetzen wird, sondern auch im Hinblick darauf, wie Musik aufgeführt und komponiert werden wird.«

Musik im elektronischen Zeitalter. GANZ LINKS Glenn Gould bastelt an seinem Tonbandgerät herum, im Landhaus der Familie um 1956. Gould war einer der Ersten, die in Toronto ein solches Gerät besaßen. LINKS Mit seiner Ausrüstung in einem Studio der CBC. GEGEN-ÜBERLIEGENDE SEITE 1980 in einem Fernsehstudio. Auf den Monitoren sieht man Aufnahmen von der Einspielung der *Goldberg-Variationen* im Jahr 1955.

Von seinem Rückzug aus dem Konzertsaal bis zu seinem Tod machte Gould eine Aufnahme nach der anderen. Hier mit Helen Vanni bei der Einspielung von Schönbergs *Buch der hängenden Gärten* im September 1964.

Der wohltemperierte Fernsehkünstler. 1963 fand im Rahmen des CBC-Festivals *Die Anatomie der Fuge* die Fernsehpremiere von Goulds Komposition *So You Want to Write a Fugue?* statt, eine humoristische Auseinandersetzung mit seiner kontrapunktischen Lieblingsform in Gestalt eines Stücks für vier Stimmen und Streichquartett. Gould dirigiert Lillian Smith Weich, Patricia Rideout, Gordon Wry und Edgar Murdoch.

Bei der Aufnahme von *So You Want to Write a Fugue?* mit dem Juilliard-Streichquartett im Jahr 1963.

So you want to write a fugue?
You've got the urge to write a fugue.
You've got the nerve to write a fugue.
So go ahead and write a fugue that we can sing!

But never be clever for the sake of being clever,
For a canon in inversion is a dangerous diversion,
And a bit of augmentation is a serious temptation,
While a *stretto* diminution is an obvious solution.
Never be clever for the sake of being clever,
For the sake of showing off!

Du willst also 'ne Fuge schreiben?
Zu 'ner Fuge drängt es dich,
Zu 'ner Fuge – du hast Nerven.
Dann mach und schreib uns eine, die man singen kann!

Sei aber nie clever, nur um clever zu sein.
Einen Kanon umzukehren ist ein riskantes Unternehmen.
Zu 'ner Vergrößerung, 'ner kleinen, könnt man schon eher sich bequemen.
Am besten alles eng zu führen, da kann am wenigsten passieren.
Sei nie clever, nur um clever zu sein,
Nur um groß zu tun!

Musik und Text von Glenn Gould. © 1964 G. Schirmer Inc.

Duo. Gould war ein großer Bewunderer Yehudi Menuhins und freute sich, wenn sich die Gelegenheit bot, mit ihm zu spielen. 1966 traten die beiden gemeinsam im Fernsehen auf und kommentierten die aufgeführten Stücke.

MENUHIN: Wir hatten nur wenig Zeit, um uns zusammen mit dieser G-Dur-Sonate von Beethoven zu befassen.
GOULD: ... Da ich nicht so viel Kammermusik spiele, dachte ich an ein wenig ... an Flöten und Bäuerliches, an das gewissermaßen »Militärische« des frühen Beethoven.
MENUHIN: Ja, ich habe mich gewundert, weil Sie sich zunächst in der Dynamik und Phrasierung gewisse Freiheiten erlaubt haben. Rhythmisch waren Sie ganz streng und sind dann erst später etwas großzügiger geworden. Ich weiß nicht, ob das mein schlechter Einfluss war – ich hoffe nicht –, aber es war ziemlich romantisch.

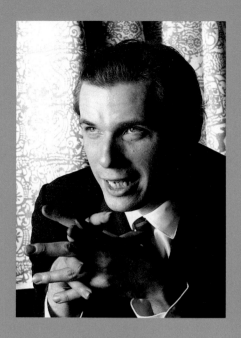 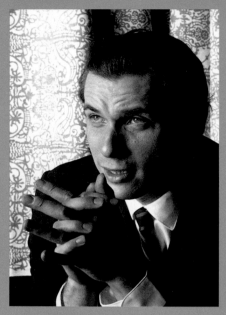 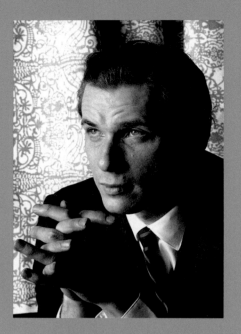

»Glenn Gould war viel mehr als nur ein Talent. Er setzte sich mit Dingen auseinander, dachte nach. Er war ein umfassender Musikwissenschaftler. Er wusste mehr über die Stücke, die er spielte, als neunundneunzig Prozent der Pianisten, die ein Konzert geben.«

ROBERT SILVERMAN

»Die grundlegendste Prämisse der Ästhetik Goulds war, dass Musik in erster Linie geistig und nur in zweiter Linie körperlich sei … Gould betrachtete ein musikalisches Werk als abstrakte Einheit, die man ohne Aufführung, ja selbst ohne die Erinnerung an Klänge oder die materiellen Mittel zu deren Hervorbringung voll und ganz im Geiste begreifen kann.«

KEVIN BAZZANA

OBEN Gould 1966.
GEGENÜBERLIEGENDE SEITE Im Jahr 1980.

Produzent und Regisseur bei der CBC. GEGENÜBERLIEGENDE SEITE UND OBEN LINKS In den späten 1960er Jahren, etwa zur Zeit seiner ersten Radiodokumentationen. OBEN RECHTS An seiner Anlage: »Mich haben immer die metrischen Dinge begeistert, die man mit der menschlichen Stimme anstellen kann, beides, das Texten mit ihr und das Schneiden ... bei den Dokumentationen, die ich mache. Daher bin ich vermutlich letzten Endes auch in einem Studio gelandet, wo ich in etwa das Nutzloseste tue, was man sich vorstellen kann: Ich bearbeite Stimmen auf Band. Den Tonfall einer Stimme kann man nicht mehr ändern, aber man kann seine Reaktion auf den Tonfall ändern, dem Tonfall gewisse Dinge entnehmen und auf den Tonfall der nächsten Stimme vorbereiten. Radiodokumentationen finde ich also vor allem deshalb so interessant, weil man ... durch die Art, wie man die menschliche Existenz stimmlich beschreibt, etwas über sie aussagen kann.«

Die Idee des Nordens. Anlässlich der Feiern zum hundertjährigen Bestehen Kanadas beauftragte die CBC Glenn Gould 1967, ein besonderes Projekt über den Norden des Landes zu entwickeln. Es sollte eine neue Form werden, bei der die Stimmen der Sprecher einander kontrapunktisch überlagern: »Es stimmt, dass … man nicht jedes Wort verstehen wird, aber schließlich versteht man ja auch nicht jede Silbe in der letzten Fuge von Verdis Falstaff … Ich würde mir wünschen, dass man die Szenen so hört wie diese Falstaff-Fuge.« LINKS Auf dem Weg nach Norden. GEGENÜBERLIEGENDE SEITE Gould und fünf andere bedeutende Kanadier auf einer Aufnahme, die anlässlich der Hundertjahrfeiern entstand: (von links nach rechts) Morley Callaghan, Ernest MacMillan, Kate Reid, A. Y. Jackson, Glenn Gould und Marshall McLuhan.

Die Idee des Nordens war »eine Gelegenheit, sich mit der Einsamkeit zu beschäftigen, einem Zustand, der sich weder auf den Norden beschränkt, noch ein Vorrecht von Menschen darstellt, die dorthin unterwegs sind, sondern der vielleicht nur für jene ... etwas fassbarer ist, die diese Reise – wenn auch bloß in ihrer Vorstellung – unternommen haben«.

GLENN GOULD

»Ein Hauptthema der *Idee des Nordens* ist die menschliche Gemeinschaft … Goulds kontrapunktische Dokumentationen sind … seine größten Schöpfungen, die Verwirklichung seines Wunsches, die Welt der Aufführungen hinter sich lassen und sich dem Reich des ›Komponierens‹ zuzuwenden. Mit *Die Idee des Nordens* nahm Gould sein neues Genre ernsthaft in Angriff und begann sein kreatives Abenteuer.«

HOWARD FINK

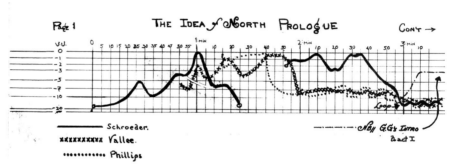

LINKS Gould hört eine seiner Radiodokumentationen. OBEN Grafische Darstellung zu *Die Idee des Nordens* von Goulds Toningenieur Lorne Tulk. Das Bild zeigt das Ineinandergreifen dreier Stimmen in der kontrapunktischen Radiodokumentation.

Bei der Aufnahme eines Schönberg-Lieds dirigiert Gould Helen Vanni (nicht im Bild). 1965.

Bei der Einspielung von Schönbergs *Ode an Napoleon Buonaparte*, op. 41, mit dem Juilliard-Streichquartett im Februar 1965. Gould betrachtete Schönberg schon lange als großen Komponisten und hielt dessen *Ode an Napoleon Buonaparte* für einen Meilenstein der Musik des 20. Jahrhunderts. Das Werk sei »Schönbergs nachdrücklichstes Plädoyer für das Anliegen, das er mit immer größerer Leidenschaft vertrat … das Nebeneinander von Tonalität und Zwölftontechnik … [Die *Ode an Napoleon Buonaparte*] ist eine jener Kompositionen, die – ob nun zum Guten oder zum Schlechten – der Entwicklung der Musik im 20. Jahrhundert eine andere Richtung gegeben haben.«

GEGENÜBERLIEGENDE SEITE Mit Leopold Stokowski beim Studium der Partitur des 5. Klavierkonzerts von Beethoven während der Aufnahme im März 1966. »›Welches Tempo nehmen Sie?‹, erkundigte sich der Meister, als ich mich [ans Klavier] setzte. ›Ich richte mich ganz nach Ihnen‹, antwortete ich wie eine schlechte Kopie Rudy Vallees. ›Ich hoffe aber‹, fuhr ich ganz höflich fort, ›dass es uns, für welches Tempo wir uns auch entscheiden mögen, gelingen wird, aus dem Stück eine Sinfonie mit Klavierbegleitung zu machen: das Klavier darf auf keinen Fall eine virtuose Rolle spielen.‹ ... [Ich versuchte] ihn dafür zu gewinnen, mir dabei zu helfen, die virtuose Tradition, die gerade um dieses Werk entstanden war, zu entmystifizieren.« Später erinnerte sich Gould: »Stokowski ... weigerte sich, die Partitur bzw. das Material, mit dem wir arbeiteten, als Heilige Schrift anzusehen: für ihn waren die Vorlagen eher so etwas wie gerade entdeckte Aufzeichnungen des Evangeliums, die noch der Transkription bedurften.« So hätte Glenn Gould auch seine eigene Haltung beschreiben können. LINKS Gould interviewt Stokowski 1969 in dessen New Yorker Wohnung für die 1971 von der CBC ausgestrahlte Sendung *Stokowski: A Portrait for Radio*.

159

Rollenspiele. Seine Ideen über Kunst und Musik (und seine humoristischen Neigungen) brachte Gould oft zum Ausdruck, indem er in verschiedene Rollen schlüpfte: in die des berühmten deutschen Komponisten Dr. Karlheinz Klopweisser (OBEN LINKS), die des an Marlon Brando erinnernden Myron Chianti alias Theodore Slutz (OBEN RECHTS) oder die des schrulligen englischen Komponisten Sir Nigel Twitt-Thornwaite (GEGENÜBERLIEGENDE SEITE).

Mit dem Cellisten Leonard Rose spielte Gould
gegen Ende 1973 Gambensonaten von Bach
ein.

»Glenn war wahrscheinlich einer der individualistischsten Künstler, die mir je begegnet sind ... [er] spielte überhaupt nicht intuitiv, alles war genauestens durchdacht ... Er tat einfach Dinge, die so ungewöhnlich waren, dass sie anderen Pianisten nicht einmal im Traum eingefallen wären.«

LEONARD ROSE

Glenn Gould interviewt Glenn Gould über Glenn Gould:
GLENN GOULD: Entschuldigen Sie, Mister Gould, wenn ich so direkt bin, aber ich habe gehört, dass Sie in Interviews nicht leicht zu knacken sind. Trifft das zu?
Glenn Gould: Na so was! Das ist mir neu.

GLENN GOULD: Sie sollen einmal gesagt haben, dass Ihr – Zitat – Engagement für Aufnahmen … ein Engagement für die Zukunft darstellt.
Glenn Gould: Das stimmt …
GLENN GOULD: Gut … Und Sie haben auch einmal gesagt, dass … Konzertsäle … und Opernhäuser … sowohl für Ihre persönliche musikalische Vergangenheit als auch im Allgemeinen für die Vergangenheit der Musik stehen.
Glenn Gould: Das ist richtig. Obwohl sich meine einzige berufliche Verbindung zur Oper darauf beschränkte, dass ich bei einem Auftritt im Alten Festspielhaus in Salzburg mit einem Luftröhrenkatarrh Bekanntschaft machte.

GLENN GOULD: Als ich [zum ersten Mal] die Karajan-Aufnahme der 5. Sibelius-Sinfonie hörte, [hatte] ich nicht die geringste Ahnung von den »ästhetischen« Qualitäten der Einspielung … Das Schöne an der Situation war eigentlich sogar, dass ich – obwohl ich wusste, dass ich Zeuge eines ganz bewegenden Ereignisses war – keinen Schimmer hatte, ob es sich um eine »gute« Interpretation handelte oder nicht. Ich habe mein ästhetisches Urteilsvermögen einfach ausgeschaltet.
Glenn Gould: Wollen Sie damit sagen, dass sie keine ästhetischen Urteile fällen, Mister Gould?
GLENN GOULD: Nein, will ich nicht, obwohl ich das gern von mir behaupten würde, weil das auf einen Grad geistiger Vollkommenheit verweisen würde, den ich nicht erreicht habe … Nun ja … ich tue mein Bestes, um nur moralische und keine ästhetischen Urteile zu fällen – ausgenommen was meine eigene Arbeit angeht.

Außerhalb Kanadas wussten nur wenige von Goulds Radio- und Fernsehdokumentationen, und die meisten hielten ihn für eine Art Einsiedler. Gould kultivierte das Bild des einsamen Künstlers nicht zuletzt durch die Fotografien, die er für die Cover seiner Schallplatten von sich machen ließ. Diese beiden Bilder wurden 1974 von Don Hunstein, dem Fotografen von Columbia Records, aufgenommen und gehören zu einer Serie, die später für eine CD mit Klaviermusik von Sibelius verwendet wurde.

»Die Leute fragen mich, ob ich mit meinen Fotografien eine Beziehung zu bestimmten Musikstücken herstellen will. Was die Platten von Glenn betrifft, lag uns beiden daran, dass die Bilder überzeugend sind, aber einen Bezug zu bestimmten Werken haben sie nicht.«

DON HUNSTEIN

1974 drehte der französische Filmemacher und Geiger Bruno Monsaingeon in Toronto für das französische Fernsehen die vierteilige Serie *Les Chemins de la Musique*. Jeder Teil befasst sich mit einem bestimmten Aspekt von Goulds Leben. Monsaingeon schrieb, dass Gould »den falschen Versuchungen der Welt widerstand: Die öffentliche Meinung berührte ihn nicht, und er suchte keine Anerkennung … Ja, er war überzeugt, dass Künstlern ihre Anonymität gelassen werden sollte. Er verwies in diesem Zusammenhang auf die Rolle mittelalterlicher Buchmaler und Kathedralenbaumeister, die einem Zweck dienten, der über ihr eigenes Tun hinausging.«

Zu Hause (1979). »Toronto gehört auf die recht kurze Liste von Städten, die einem – mir zumindest – geistige Ruhe gewähren. Städten, die einem, mir fällt keine bessere Beschreibung ein, ihr ›Stadtsein‹ nicht aufdrängen. Toronto [hatte eine besondere] Beziehung zu den amerikanischen Städten nach Süden hin, so wie Buffalo, das vierzig Meilen entfernt am anderen Ufer des Sees liegt. Als ich jung war, musste man, um mal richtig was zu erleben, nach Buffalo fahren. Auch heute … scheinen wir noch ein tief verwurzeltes seelisches Bedürfnis zu haben, unseren Blick auf Buffalo zu richten … Also haben wir 1976 den [CN] Tower gebaut … die höchste frei stehende Konstruktion der Welt … An klaren Tagen sieht man von da oben wenn schon nicht in die Ewigkeit, so doch bis nach Buffalo. Aber vielleicht betrachte ich [Toronto] auch durch eine rosarote Brille: vielleicht ist das, was ich sehe, so sehr von Erinnerungen bestimmt, dass es bloß eine Fata Morgana ist. Ich hoffe nicht … denn ich hätte, wenn diese Fata Morgana sich je auflösen sollte, keine andere Wahl, als die Stadt zu verlassen.«

Seine Schallplattenkarriere begann Gould mit einer Einspielung der *Goldberg-Variationen*. 1981, etwa fünfundzwanzig Jahre später, entschloss er sich, das Werk abermals aufzunehmen. Es gehe ihm, so sagte er, um eine reinere Interpretation, darum, »eine beinah mathematische Entsprechung zwischen dem Thema und den folgenden Variationen herzustellen«. Die Reinheit seiner Interpretation und die qualvolle Wehmut, die in seinem Spiel der langsameren Passagen lag, verweisen auf einen Menschen, der »seine Zuhörer dazu bringen will, sich ästhetisch wie emotional seinem Empfinden zu unterwerfen. Und es war ein Abschied. Eine äußerst ungewöhnliche Art, Abschied zu nehmen.« (John McGreevy) Die Schallplatte kam im September 1982 auf den Markt. Wenige Wochen später starb Glenn Gould.

GELEIT

Seite 174 Der letzte Puritaner.

Abschied. Am 27. September 1982, nur zwei Tage nach seinem 50. Geburtstag, erlitt Glenn Gould einen Schlaganfall. Es wurde ein Blutgerinnsel in seinem Gehirn festgestellt. Nach einigen Tagen verlor er das Bewusstsein. Die Gehirnschäden waren massiv. Eine Woche nach seiner Einlieferung ins Krankenhaus wurde die Herz-Lungen-Maschine abgeschaltet. Am 4. Oktober 1982 wurde er für tot erklärt.

Verlassen. GEGENÜBERLIEGENDE SEITE Goulds Schreibtisch in seinem Studio im Hotel Inn on the Park in Toronto. RECHTS Zwei Blicke auf das Mischpult in seinem Studio im Hotel. Die Fotografien entstanden nach Goulds Tod und zeigen seinen Arbeitsplatz, wie er ihn verlassen hatte.

Goulds Stadtwohnung nach seinem Tod. GEGENÜBERLIEGENDE SEITE /OBEN Das Telefontischchen. GEGENÜBERLIEGENDE SEITE /UNTEN Das »Archiv«. UNTEN Goulds Flügel.

CHRONOLOGIE

Glenn Gould
(1932–1982)

1932   Glenn Herbert Gold wird am 25. September in Toronto als Sohn von Florence Gold (geborene Greig) und Russell Herbert (Bert) Gold geboren. (Der Familienname wird 1938 auf Gould geändert.)

um 1935   Erste Klavierstunden bei der Mutter. die ihn in den folgenden acht Jahren unterrichten wird.

1940   Besteht am Konservatorium von Toronto die Prüfungen für die 4. Stufe im Fach Klavier mit den besten Noten.

1940–47   Studium der Musiktheorie bei Leo Smith.

1942–49   Orgelunterricht bei Frederick Silvester.

1943–52   Klavierunterricht bei Alberto Guerrero.

1944   Gewinnt beim ersten Kiwani-Musikfest den 1. Preis (ein 200-Dollar-Stipendium).

1945   Eintritt in die High School des Malvern Collegiate Institute. Toronto.
Erster professioneller Auftritt mit einem Orgelkonzert im Eaton Auditorium von Toronto (12. Dezember).

1946   Erstes Orchesterkonzert: Gould spielt mit dem Orchester des Konservatoriums von Toronto in der Massey Hall den ersten Satz des 4. Klavierkonzerts von Beethoven (8. Mai).
Schließt seine Ausbildung am Konservatorium mit Auszeichnung ab.

1947   Erster Auftritt mit dem Toronto Symphony Orchestra in der Massey Hall (14. Januar). Gould spielt das gesamte 4. Klavierkonzert von Beethoven.
Erster professioneller Klavierabend im Eaton Auditorium (20. Oktober).

1948   Schreibt eine Klaviersonate. seine erste wichtige Komposition.

1950   Erster Auftritt in einer Rundfunksendung der Canadian Broadcasting Corporation (CBC) (24. Dezember).

1951   Tournee durch den Westen Kanadas. Erster Auftritt mit dem Vancouver Symphony Orchestra (28. Oktober). Anschließend Auftritt in Calgary (7. November).

1952   Erster Auftritt in einer Fernsehsendung der CBC: erster Liveauftritt eines Pianisten im kanadischen Fernsehen (8. September).

1953	Erste kommerzielle Aufnahme für das Label Hallmark.
	Erster Auftritt beim Stratford-Festival in Ontario (31. Juli).

1954	Spielt bei seinem Debüt mit dem Montreal Symphony Orchestra seine Kadenzen zum
	1. Beethoven-Klavierkonzert (14. Dezember).

1955	Erster Auftritt in den USA in der Phillips Gallery. Washington. D. C. (2. Januar).
	Debüt in New York: Auftritt in der Town Hall (11. Januar).
	Unterzeichnet am folgenden Tag einen Exklusivvertrag mit Columbia Records.
	Spielt für Columbia Records Bachs *Goldberg-Variationen* ein.

1956	Komponiert sein Streichquartett op. 1.
	Die erste Columbia-Aufnahme kommt auf den Markt.
	Tournee durch Kanada und die USA.
	Erstes Konzert mit dem St. Louis Symphony Orchestra unter Vladimir Golschmann
	(29. Dezember). der später bei vielen Aufnahmen Goulds am Dirigentenpult stehen
	wird.
	Gemeinsam mit Oscar Shumsky und Leonard Rose musikalischer Leiter des Shake-
	speare-Festivals in Stratford. Ontario.

1957	Debüt mit den New Yorker Philharmonikern in der Carnegie Hall: Gould spielt das
	2. Beethoven-Klavierkonzert unter Leonard Bernstein (26. Januar).
	Tournee durch die Sowjetunion. Westdeutschland und Österreich. Auftritte mit den
	Leningrader Sinfonikern und Berliner Philharmonikern unter Herbert von Karajan.
	Nimmt mit dem Columbia Symphony Orchestra unter Leonard Bernstein das
	2. Klavierkonzert von Beethoven auf.

1958	Zweite Überseetournee. die ihn nach Österreich. Schweden. Westdeutschland, Italien
	und Israel führt.
	Spielt mit Vladimir Golschmann das 1. Klavierkonzert von Beethoven ein.

1959	Beethoven-Klavierkonzert-Zyklus mit dem London Symphony Orchestra
	(20. Mai – 1. Juni).
	Gibt in Luzern sein letztes Konzert in Europa (31. August).

1959–60	Einspielung der Intermezzi von Brahms.

1960	Erster Auftritt im amerikanischen Fernsehen mit Leonard Bernstein und den
	New Yorker Philharmonikern (31. Januar).
	Das National Film Board of Canada macht über ihn zwei Dokumentationen:
	Glenn Gould: On the Record und *Glenn Gould: Off the Record.*

Der Steinway-Flügel mit der Nummer CD 318, den Gould im Eaton Auditorium entdeckt, wird sein Lieblingsinstrument.

1961   Nimmt mit dem CBC Symphony Orchestra unter Robert Craft das Klavierkonzert von Schönberg auf.

1962   Beginnt Musikdokumentationen für die CBC zu produzieren: Die erste Arbeit, Arnold Schönberg: *The Man Who Changed Music*, wird am 8. August des Jahres im Rundfunk ausgestrahlt. Am 15. Oktober zeigt das Fernsehen *Richard Strauss: A Personal View*.
Spielt mit den New Yorker Philharmonikern unter Leonard Bernstein das 1. Klavierkonzert von Brahms (6. und 8. April). Bernstein lässt sich auf eine öffentliche Diskussion über Goulds Interpretation ein.
Spielt die ersten acht Präludien und Fugen aus dem ersten Buch des *Wohltemperierten Klaviers* von Bach ein.

1963   Komponiert *So You Want to Write a Fugue?* für seinen CBC-Fernsehfilm *The Anatomy of the Fugue* (4. März).
Hält Vorträge über Schönberg an den Universitäten von Cincinnati und Toronto.
Bei Columbia erscheint seine Einspielung der Bach-Partiten.

1964   Letzter öffentlicher Auftritt in Los Angeles (10. April).
Bedankt sich mit dem Vortrag »Music in the Electronic Age« für die Verleihung der Ehrendoktorwürde der Universität von Toronto (1. Juni).
Spielt mit Helen Vanni Schönbergs *Buch der hängenden Gärten* ein.

1965   Der kanadische Rundfunk strahlt die Sendung *The Prospects of Recording* aus (10. Januar).
Nimmt mit dem Juilliard-Streichquartett Schönbergs *Ode an Napoleon Buonaparte* auf.

1966   Das kanadische Fernsehen zeigt *Duo* mit Yehudi Menuhin (18. Mai).
Ausstrahlung der ersten Sendung der Reihe *The Art of Glenn Gould* (13. November). Gould spricht in der Rundfunkserie, die 1967 fortgesetzt wird, über seine Aufnahmen und andere musikalische Themen.
Nimmt mit Leopold Stokowski das 5. Klavierkonzert von Beethoven auf.

1967   Die CBC strahlt die erste von Goulds drei kontrapunktischen Radiodokumentationen zum Thema Einsamkeit aus: *Die Idee des Nordens* (28. Dezember).
Aufnahme der 7. Klaviersonate in B-Dur von Prokofjew.

| 1968 | Erhält den mit 15.000 Dollar dotierten Canada Council Molson Prize für außergewöhnliche Verdienste um die Kunst. |

| 1969 | Ausstrahlung der zweiten Folge von Sendungen der Reihe *The Art of Glenn Gould* im kanadischen Rundfunk (18. Mai – 15. Oktober).
Der kanadische Rundfunk strahlt den zweiten Teil der »Trilogie der Einsamkeit« aus: *Die Spätankömmlinge* (12. November).
Aufnahme der letzten acht Präludien und Fugen aus dem zweiten Buch des *Wohltemperierten Klaviers* von Bach. |

| 1970 | Das kanadische Fernsehen zeigt *The Well-Tempered Listener*. Gould spricht über die ungebrochene Anziehungskraft Bachs und spielt Beispiele auf dem Klavier, dem Cembalo und der Orgel (8. Februar).
Die CBC zeigt die Fernsehfassung der *Idee des Nordens* (5. August). |

| 1971 | Produziert Stokowski: *A Portrait for Radio* für die CBC (2. Februar).
Spielt Griegs Klaviersonate in e-Moll ein. |

| 1972 | Arrangiert die Musik für den Film *Slaughterhouse-Fire* nach dem Roman von Kurt Vonnegut.
Spielt die *Französischen Suiten* von Bach ein. |

| 1973 | Erwirbt den Steinway-Flügel mit der Nummer CD 318.
Aufnahme seiner Klaviertranskription von Wagners *Siegfried-Idyll*. |

| 1974 | Gemeinsam mit Bruno Monsaingeon entsteht für das französische Fernsehen die vierteilige Sendung *Les Chemins de la Musique*.
Produziert *Casals: A Portrait for Radio* für die CBC (15. Januar).
Produziert für das kanadische Fernsehen den ersten von vier Teilen der Serie *Music in Our Time: The Age of Ecstasy: Music from 1900 to 1910* (20. Februar).
Produziert für den kanadischen Rundfunk Arnold Schönberg: *The First Hundred Years* (19. November).
Aufnahme von Bachs 1. Gambensonate in G-Dur mit Leonard Rose. |

| 1975 | Das kanadische Fernsehen zeigt Goulds *The Flight from Order: Music from 1910 to 1920* (5. Februar).
Am 26. Juli stirbt Florence Gould.
Das kanadische Fernsehen zeigt Goulds *New Faces, Old Forms: Music from 1920 to 1930* (26. November).
Aufnahme der Sonaten für Violine und Cembalo von Bach mit Jaime Laredo. |

1977	Der kanadische Rundfunk strahlt den dritten Teil der »Trilogie der Einsamkeit« aus: *Die Stillen im Lande* (25. März).

1977   Der kanadische Rundfunk strahlt den dritten Teil der »Trilogie der Einsamkeit« aus: *Die Stillen im Lande* (25. März).
Das kanadische Fernsehen zeigt Goulds *The Artist as Artisan: Music from 1930 to 1940* (14. Dezember).
Aufnahme der Drei lyrischen Stücke op. 41 von Sibelius.

1979   Der kanadische Rundfunk strahlt Goulds Strauss: The Bourgeois Hero aus (2. und 9. April).
Das kanadische Fernsehen zeigt in der Serie »Cities« *Glenn Gould's Toronto* (27. September).
Clasart bringt den Film *Glenn Gould Plays Bach, No. 1: The Question of Instrument* heraus. Regie: Bruno Monsaingeon.
Aufnahme der Fünf Klavierstücke op. 3 von Strauss.
Aufnahme der Beethoven-Klaviersonate in D-Dur Nr. 15 (*Pastorale*).

1980   CBS Records bringt das zwei Platten umfassende *Glenn Gould Silver Jubilee Album* heraus.
Bei Clasart erscheint *Glenn Gould Plays Bach, No. 2: The Art of the Fugue.*
Aufnahme der 60. und 61. Sonate von Haydn.

1981   Aufnahme der 56., 58., 59. und 62. Sonate von Haydn.

1982   CBS bringt die zweite Aufnahme der *Goldberg-Variationen* heraus (die Videofassung ist 1981 bei Clasart erschienen). Die Einspielung wird im folgenden Jahr mit zwei Grammys und einem Juno ausgezeichnet.
Arrangiert die Musik für *The Wars*, einen Film nach dem Roman von Timothy Findley.
Aufnahme der Vier Balladen op. 10 von Brahms. Die Einspielung erscheint posthum 1983.
Letzte Aufnahme: Gould dirigiert Wagners *Siegfried-Idyll* in einer Kammerorchesterfassung für 13 Instrumente. Columbia bringt die Einspielung 1990 posthum auf den Markt.
Erleidet am 27. September den ersten von mehreren Schlaganfällen.
Glenn Gould stirbt am 4. Oktober im Toronto General Hospital.

Ich habe Glenn Gould nur einmal getroffen, und zwar 1979 bei einer Aufführung von *Glenn Gould's Toronto*, das als Teil der TV-Serie »Cities« entstand. Lester und Orpen Dennys bereiteten damals ein Buch zu der Serie vor. Gould rief mich mehrere Male an, um über seine Bearbeitung des Textes für das Buch zu sprechen – vor allem, wie ich mich erinnere, darüber, wann ein Semikolon statt eines Kommas zu setzen ist.

Drei Jahre später erfuhr ich auf der Frankfurter Buchmesse von seinem Tod. Ich war erschüttert und traurig und hatte das Gefühl, dass wir nicht nur Glenn Gould verloren hatten, sondern dass es nun auch mit der belebenden Wirkung, die er auf mein Leben und das Leben um mich herum gehabt hatte, vorbei war. Der vorliegende Band erscheint zu Goulds 20. Todestag (und 70. Geburtstag). Glenn Gould war ein Künstler, der sich durch tiefe Überzeugungen und eine große Menschlichkeit auszeichnete. Ich hoffe, dass das Buch diesen Eigenschaften und seiner einzigartigen schöpferischen Präsenz gerecht wird.

Die Veröffentlichung eines Buchs ist ein Prozess, der auf Zusammenarbeit beruht, und ein Bildband wie der vorliegende ist auf die Möglichkeiten, die Ressourcen und die Unterstützung zahlreicher Einrichtungen und Menschen angewiesen. Besonderer Dank gebührt

· dem Estate of Glenn Gould und dessen Verwalter Stephen Posen, der die Idee für diesen Band hatte, sowie Ray Roberts und David Ullmann;

· Doubleday Canada und der Lektorin Meg Taylor, der Verlegerin Maya Mavjee, dem Grafiker Scott Richardson und der Herstellerin Carla Kean;

· der Glenn Gould Foundation und ihrem Direktor John Miller sowie Kevin Bazzana, dem Redakteur von *GlennGould*, der Zeitschrift der Stiftung;

· Sony Classical und Faye Perkins, der stellvertretenden Leiterin der internationalen Vertriebsabteilung, sowie Esther Won und Robert Baum;

· der National Library of Canada, dem Leiter der Musikabteilung Timothy Maloney und der im Musikarchiv tätigen Maureen Nevins;

· der CBC und Lynda Barnett im Bildarchiv.

Eigens bedanken will ich mich schließlich bei Andrea Knight, die mir bei der Zusammenstellung des Buchs unschätzbare Hilfe leistete und die zahllosen Details beim Einholen der Abdruckgenehmigungen gleichermaßen effizient wie erfolgreich klärte.

MALCOLM LESTER

DANKSAGUNG

ANMERKUNG ZU DEN QUELLEN

Die beiden wichtigen Glenn-Gould-Biografien sind Otto Friedrichs *Glenn Gould: A Life and Variations* (dt. 1991: *Glenn Gould. Eine Biographie*) und Peter Ostwalds *Glenn Gould: The Ecstasy and Tragedy of Genius*. Wertvolle Informationen über Goulds Leben und Musik finden sich auch in *Glenn Gould at Work: Creative Lying* von Andrew Kazdin (dt. 1990: *Glenn Gould. Ein Porträt*), *Virtuoso* von Harvey Sachs, *The Great Pianists* von Harold C. Schonberg (dt. 1965, 1972: *Die großen Pianisten*) und in *Best Seat in the House* von Robert Fulford. Der von John McGreevy herausgegebene Band *Glenn Gould Variations* enthält Beiträge von Dennis Dutton, Leonard Bernstein und Bruno Monsaingeon sowie das faszinierende, ursprünglich im *New Yorker* erschienene Porträt *Apollonian* von Joseph Roddy; in *The Idea of Gould* von Rhona Bergman finden sich Interviews mit Don Hunstein und Robert Silverman. Glenn Goulds eigene Essays und Texte für Rundfunk und Fernsehen vereinen der von Tim Page herausgegebene *Glenn Gould Reader* (dt. 1986, 1987: *Glenn Gould: Schriften zur Musik I – Von Bach bis Boulez; Schriften zur Musik II – Vom Konzertsaal zum Tonstudio*) und der von John P. L. Roberts edierte Band *The Art of Glenn Gould: Reflections of a Musical Genius*. Gemeinsam mit Ghyslaine Guertin hat Roberts auch den Band *Glenn Gould: Selected Letters* (dt. 1997: *Glenn Gould: Briefe*) herausgegeben. Analytischere Ansätze im Hinblick auf das Schaffen des Künstlers finden sich in Kevin Bazzanas *Glenn Gould: The Performer in the Work* (dt. 2001: *Glenn Gould oder Die Kunst der Interpretation*) und in *Glenn Gould: Music and Mind* von Geoffrey Payzant.

Goulds *Notizen für einen Nachruf auf Florence Gould* finden sich ebenso in der National Library of Canada wie der amüsante und äußerst selbstkritische biografische Artikel, der erstmals am 17. Juli 1957 im Magazin *Weekend* erschien. Jessie Greigs Erinnerungen an ihren Cousin stammen aus der Oktober-Nummer 1986 des Bulletins der Glenn Gould Society, Angela Addisons Kommentare aus der Oktober-Nummer 1988.

Die Zeitschrift *GlennGould* ist eine wahre Fundgrube für äußerst informative Artikel über alle Aspekte von Goulds Werdegang. Besonders hilfreich waren die Frühjahrsnummer des Jahres 2001 mit dem Bericht über Goulds Russlandtournee und die Herbstnummer des Jahres 1997, die sich mit *Die Idee des Nordens* befasst. Goulds Plattentext für seine von der CBC herausgebrachte *Solitude Trilogy* vermittelt ein umfassenderes Bild seiner Vision des Nordens und seiner Vorstellungen von Einsamkeit.

Es gibt viele ausgezeichnete Videos, auf denen Gould spricht und spielt. Hervorzuheben sind *Glenn Gould: Two Portraits of the Celebrated Pianist*, die mehrteiligen Serien *The Glenn Gould Collection, Glenn Gould: A Portrait* sowie *Glenn Gould: Shadow Genius*, aus der das Zitat von Peter Elyakim Taussig stammt.

Besondere Erwähnung verdient schließlich noch die von Ruth Pincoe erstellte umfassende Gould-Chronologie, die sich in der National Library of Canada befindet und mir bei der Identifizierung vieler auf Bildern festgehaltener Auftritte und Aufnahmen unschätzbare Hilfe geleistet hat.*

* Der deutschsprachige Leser sei an dieser Stelle außerdem auf Jens Hagestedts *Wie spielt Glenn Gould?* (1991), Michael Stegemanns *Glenn Gould: Leben und Werk* (1992), Jonathan Cotts *Telefongespräche mit Glenn Gould* (1995) sowie das April-Heft 1990 der Zeitschrift *du, Mythos Glenn Gould. Die Wahrheit und andere Lügen*, verwiesen. [Anm. des Verlages]

Der Verlag hat nichts unversucht gelassen, die Inhaber der Rechte an den in diesem Band wieder-
gegebenen Abbildungen zu ermitteln. Inhaber von Bildrechten, die unberücksichtigt blieben, werden ersucht, sich mit Malcolm Lester & Associates, 50 Prince Arthur Avenue, Suite 605, Toronto,
Canada M5R 1B5, in Verbindung zu setzen.

Im Bildnachweis kommen folgende Abkürzungen vor:

CBC	Canadian Broadcasting Corporation, Standfotoarchiv, Toronto
GGE	Estate of Glenn Gould
SC	Sony Classical
SFC	Stratford Festival of Canada

BILDNACHWEIS

Vordere Umschlagseite: Dan Weiner, Courtesy of Sandra Weiner; hintere Umschlagseite: links
GGE; Mitte Heri Rossier, SFC; rechts Don Hunstein, SC; Titelei: S. 1 GGE; S. 2–3 Dan Weiner,
Courtesy of Sandra Weiner; S. 4–5 Gaby, Courtesy of the Gaby Estate; S. 6–9 Don Hunstein, SC;
S. 10 GGE; S. 11 SC; Einleitung: S. 15 SC; S. 17, 18, 20, 22 oben GGE; S. 22 unten SC; S. 25
Norman James, Toronto Star; S. 26, 28 GGE; S. 31 CBC; S. 32 SC; S. 35 GGE; S. 36 Courtesy
of Margaret Pascu; S. 38 SC; S. 41 GGE; Schlussschrift: S. 192 Donald McKague, GGE.
S. 42–63 GGE; S. 64 duBois Rembrandt, GGE; S. 65–68 links GGE; S. 68 rechts Gordon W.
Powley, GGE; S. 69–70 GGE; S. 71 Gordon W. Powley, GGE; S. 72 oben GGE; S. 72 unten
Brightling, GGE; S. 73 GGE; S. 74 Henri Rossier, SFC; S. 76–77 Paul Rockett; S. 78–81 Dan
Weiner, Courtesy of Sandra Weiner; S. 82 Paul Weber, GGE; S. 83 oben GGE; S. 83 Mitte Isaac
Berez, GGE; S. 83 unten J. H. Heslop, Deseret News; S. 84 Robert Ragsdale; S. 85 Don Hunstein,
SC; S. 86–87 GGE; S. 88 Paul Rockett; S. 89 Dan Weiner, Courtesy of Sandra Weiner; S. 90–91
oben und Mitte GGE; S. 91 unten–93 E. I. Ivano, GGE; S. 94–95 J. M. Heslop, Deseret News;
S. 96–99 Don Hunstein, SC; S. 100 Fednews, GGE; S. 101–105 GGE; S. 106 Paul Rockett;
S. 107 links und Mitte GGE; S. 107 rechts–109 Don Hunstein, SC; S. 110–111 Herb Nott, SFC;
S. 112 links Henri Rossier, SFC; S. 112 rechts SFC; S. 113 James R. Murray, SFC; S. 114–123 Don
Hunstein, SC; S. 124–125 Roy Martin, CBC; S. 126–128 Dale Barnes, CBC; S. 129 links und
Mitte Roy Martin, CBC; S. 129 rechts Dale Barnes, CBC; S. 130–131 Don Hunstein, SC; S. 132
Don Hunstein, SC; S. 134 links Jack Marshall, University of Toronto; S. 134–135 Paul Rockett,
University of Toronto; S. 136 links Fednews, GGE; S. 136 rechts Herb Nott, CBC; S. 137–139 Don
Hunstein, SC; S. 140–141 Albert Crookshank, CBC; S. 142–143 John Kurland; S. 144–145 CBC;
S. 146 Hank Parker, SC; S. 147 Don Hunstein, SC; S. 148–149 links Herb Nott, CBC; 149 rechts
CBC; S. 150 Harold Whyte, CBC; S. 151 Toronto Sun; S. 152 Harold Whyte, CBC; S. 153 links
Herb Nott, CBC; S. 153 rechts GGE; S. 154–155 W. Eugene Smith; S. 156–158 Don Hunstein,
SC; S. 159 CBC; S. 160–161 Robert Ragsdale, CBC; S. 162–167 Don Hunstein, SC; S. 168–171
GGE; S. 172–173 Don Hunstein, SC; S. 174 GGE; S. 176–177 Don Hunstein, SC; S. 178–183 GGE.